기술보호의 초석
영업비밀 보호제도

특허청, 한국특허정보원, 영업비밀보호센터

〈차 례〉

Module 1 | 영업비밀의 개념 ········· 7
- ▶ Why and How? ········· 9
- ▶ Infographic ········· 10
- [1-1] 영업비밀의 보호 필요성과 보호제도의 목적 ········· 12
  - 보호 필요성 ········· 12
  - 영업비밀 보호제도의 목적 ········· 12
- [1-2] 기업의 정보를 보호하는 두 가지 방법 ········· 13
- [1-3] 영업비밀의 개념 ········· 14
  - 영업비밀이란? ········· 14
  - 다른 유사개념과의 비교 ········· 15
- [1-4] 특허와 영업비밀 중 어느 것으로 보호하는 것이 유리한가? ········· 17
- [1-5] 영업비밀 보호제도의 특성 ········· 20
- [1-6] 영업비밀의 유형 ········· 21
- ▶ Module Quiz ········· 22
- ▶ Key point Mindmap ········· 24

Module 2 | 영업비밀의 요건 ········· 27
- ▶ Why and How? ········· 29
- ▶ Infographic ········· 30
- [2-1] 영업비밀의 세 가지 요건 ········· 32
- [2-2] 비공지성 ········· 33
  - 공연히 알려져 있지 않은 비밀 ········· 33
- [2-3] 경제적 유용성(독립된 경제적 가치) ········· 36
  - 독립된 경제적 가치란? ········· 36
  - 독립된 경제적 가치의 판단 기준 ········· 37
- [2-4] 비밀관리성 ········· 39
  - 합리적인 노력에 의해서 비밀로 유지되는 경우 ········· 39
  - 관리를 위한 노력의 정도 ········· 39
  - '상당한 노력'에서 '합리적인 노력'으로의 개정 ········· 41
- ▶ Module Quiz ········· 42
- ▶ Key point Mindmap ········· 46

Module 3 | 영업비밀 침해행위 유형 ········· 49
- ▶ Why and How? ········· 51
- ▶ Infographic ········· 52
- [3-1] 영업비밀 침해 형태의 두가지 유형 ········· 54
- [3-2] 부정취득행위 ········· 55
  - 행위 유형 ········· 55
- [3-3] 부정취득자로부터의 악의취득행위 ········· 58
  - 행위 유형 ········· 59
  - 적용 요건 ········· 59
- [3-4] 부정취득행위에 관한 사후적 관여행위 ········· 60

	행위 유형 ···	61
	적용 요건 ···	61
[3-5]	부정공개행위(비밀유지의무 위반행위) ··············	63
	부정공개행위란? ··	63
	적용 요건 ···	64
[3-6]	부정공개자로부터의 악의취득행위 ················	65
	부정공개자로부터의 악의취득행위란? ··············	65
	적용 요건 ···	66
[3-7]	부정공개행위에 관한 사후적 관여행위 ··········	67
	적용 요건 ···	67
	취지 ··	67
[3-8]	선의자 특례 ···	68
	취지 및 효력 ···	68
	적용 요건 ···	69
	보호 범위 ···	69
▶ Module Quiz ···		70
▶ Key point Mindmap ···		72

Module 4 │ 영업비밀 침해에 대한 민사적 구제 ······ 75

▶ Why and How? ··		77
▶ Infographic ···		78
[4-1]	금지 및 예방 청구권 ·································	80
	취지 ··	80
	청구하기 위한 요건 ····································	80
	청구권자 ···	81
	청구 상대방 ···	82
	청구권의 내용 ··	82
[4-2]	전직금지(경업금지) 청구 ···························	83
	전직금지의 필요성 ····································	83
	판례상 전직금지청구의 허용기준 ··············	83
	전직금지청구가 인용될 경우의 시간적 범위 ····	84
[4-3]	폐기·제거 등 청구권 ·································	85
	취지 ··	85
	청구 대상 ···	85
[4-4]	손해배상 청구권 ·······································	86
	청구 상대방 ···	86
	청구 요건 ···	86
	배상 범위와 배상액의 산정 ·······················	86
[4-5]	신용회복 청구권 ·······································	89
	청구 요건 ···	89
	판단의 기준 시점 ····································	89
▶ Module Quiz ···		90
▶ Key point Mindmap ···		92

Module 5 | 영업비밀 침해에 대한 형사처벌 ········ 95

- ▶ Why and How? ·· 97
- ▶ Infographic ··· 98
- [5-1] 형사적 대응의 전개 ·· 100
- [5-2] 영업비밀보호법에 의한 대응 ·· 101
  - 형사처벌 규정 도입 과정 ·· 101
  - 영업비밀보호법상 형사처벌 규정의 변화 ························· 101
  - 영업비밀 부정취득·사용·누설죄의 구성요건 ················ 102
  - 영업비밀보호법 위반죄와 범죄실현 단계 ························· 104
  - 영업비밀 침해행위가 공동으로 이루어진 경우 ················ 106
  - 기업이 영업비밀 침해 행위자인 경우 ······························ 106
- [5-3] 일반 형법에 의한 대응 ··· 107
  - 배임죄, 업무상 배임죄 ·· 107
  - 절도죄 ·· 108
  - 재물 손괴죄 ·· 109
  - 비밀 침해죄 ·· 110
  - 업무 방해죄 ·· 111
- ▶ Module Quiz ··· 112
- ▶ Key point Mindmap ·· 114

Module 6 | 영업비밀 침해 시 분쟁해결 절차 ········ 117

- ▶ Why and How? ·· 119
- ▶ Infographic ··· 120
- [6-1] 분쟁방어 또는 분쟁발생 대비 증거자료 확보 ··············· 122
  - 증거자료 확보 ··· 123
- [6-2] 민사 절차 ·· 124
- [6-3] 영업비밀 유출 방지를 위한 조치 ································· 125
  - 영업비밀의 특정 ·· 125
  - 가처분 신청 ·· 125
  - 문서제출명령 거부 ·· 126
  - 비밀유지명령 ·· 127
- [6-4] 형사 절차 ·· 129
- [6-5] 기소전 단계 ··· 130
  - 고소·고발 ·· 130
  - 수사(경찰수사와 검찰수사) ·· 131
- [6-6] 기소후 단계 ··· 132
  - 검사의 기소(공소의 제기) ·· 132
  - 공소사실의 특정 ·· 133
- ▶ Module Quiz ··· 134
- ▶ Key point Mindmap ·· 136

Module 7 | 기타 법률 ·· 139

- ▶ Why and How? ·· 141
- ▶ Infographic ··· 142
- [7-1] 산업기술의 유출방지 및 보호에 관한 법률 ··················· 144

제정 목적 및 배경 ………………………………………………………… 144
산업기술의 정의 ………………………………………………………… 145
보호 요건 ………………………………………………………………… 146
국가핵심기술 …………………………………………………………… 146
금지행위 유형과 벌칙 …………………………………………………… 146
침해금지 청구권 ………………………………………………………… 150
영업비밀보호법, 산업기술보호법 비교 ………………………………… 151
[7-2] 정보통신망 이용촉진 및 정보보호 등에 관한 법률(이하 '정보보호법') ………… 152
[7-3] 특정경제범죄 가중처벌 등에 관한 법률(이하 '특경법') …………………… 153
[7-4] 하도급거래 공정화에 관한 법률(이하 '하도급법') ………………………… 154
[7-5] 중소기업기술 보호 지원에 관한 법률 …………………………………… 155
　　 제정 목적 및 배경 ………………………………………………………… 155
　　 보호 대상 및 다른 법과의 관계 …………………………………………… 155
[7-6] 방위산업기술 보호법 …………………………………………………… 156
　　 방위산업기술의 정의 …………………………………………………… 156
　　 금지행위 유형 …………………………………………………………… 156
　　 방위산업기술의 유출 및 침해 신고 ……………………………………… 156
　　 벌칙 ……………………………………………………………………… 157
▶ Module Quiz ……………………………………………………………… 158
▶ Key point Mindmap ……………………………………………………… 160

Module 8 | 영업비밀 원본증명제도 …………………… 163

▶ Why and How? ………………………………………………………… 165
▶ Infographic ……………………………………………………………… 166
[8-1] 필요성 ……………………………………………………………… 168
　　 전자정보의 원본 여부 및 제작 시점 입증의 어려움 …………………… 168
　　 영업비밀 침해사실 입증 시 비공지성 상실의 위험 …………………… 168
　　 영업비밀 원본증명제도의 도입 개요 …………………………………… 169
　　 원본증명제도와 내용증명, 공증제도와의 비교 ………………………… 170
[8-2] 구현 방식 …………………………………………………………… 171
[8-3] 효과 및 법적 근거 …………………………………………………… 173
　　 원본등록만으로 그 정보가 영업비밀이 되는 것은 아님 ………………… 173
　　 등록 정보의 원본 여부 증명 …………………………………………… 173
　　 전자문서의 존재 시점 증명 ……………………………………………… 174
　　 추정효 …………………………………………………………………… 174
　　 영업비밀 원본증명제도에 관한 법적 근거 ……………………………… 174
[8-4] 활용 사례 …………………………………………………………… 175
　　 내외부자에 의한 기술유출 방지 ………………………………………… 175
　　 거래과정에서 기술유출 방지 …………………………………………… 175
　　 모인출원에 따른 기술유출 방지 ………………………………………… 175
　　 공모전 출품 시 아이디어 보호 ………………………………………… 176
　　 선사용권 입증 …………………………………………………………… 176
▶ Module Quiz ……………………………………………………………… 178
▶ Key point Mindmap ……………………………………………………… 180

색인 ……………………………………………………………………… 182

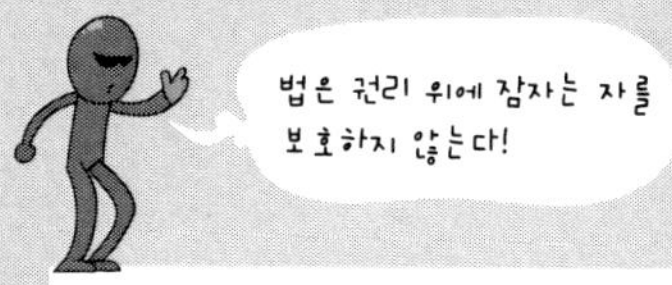

영업비밀의 개념

『특허와 영업비밀의 차이점,
영업비밀 보호제도의 특성 이해하기』

Module 1

 # 영업비밀의 개념

1. 영업비밀 보호제도의 목적

2. 기업의 정보를 보호하는 두 가지 방법

3. 영업비밀의 개념

4. 특허와 영업비밀 중 어느 것으로 보호하는 것이 유리한가?

5. 영업비밀 보호제도의 특성

6. 영업비밀의 유형

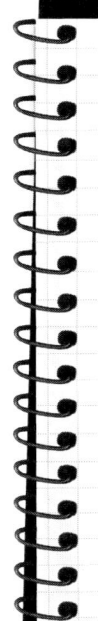

질문에 대한 답은 본문의 핵심정리를 참고해 주세요~

1. 기업의 기술 또는 경영 정보를 보호하는 방법에는 무엇이 있을까요?

2. 특허와 영업비밀의 차이점은?

3. 기업의 기술과 정보를 특허로 보호할지 영업비밀로 보호할지 결정할 때 검토하여야 할 사항은?

4. 영업비밀로 보호받을 수 있는 기업의 정보는?

영업비밀의 개념

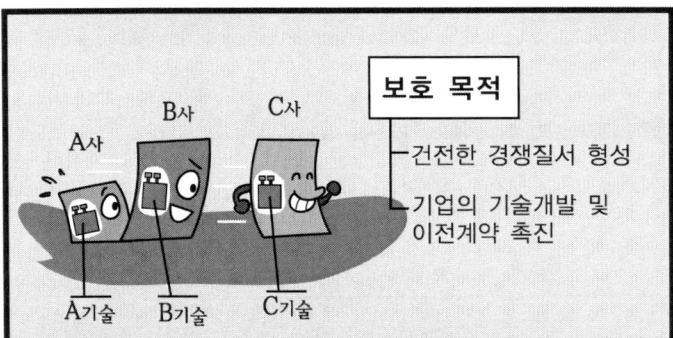

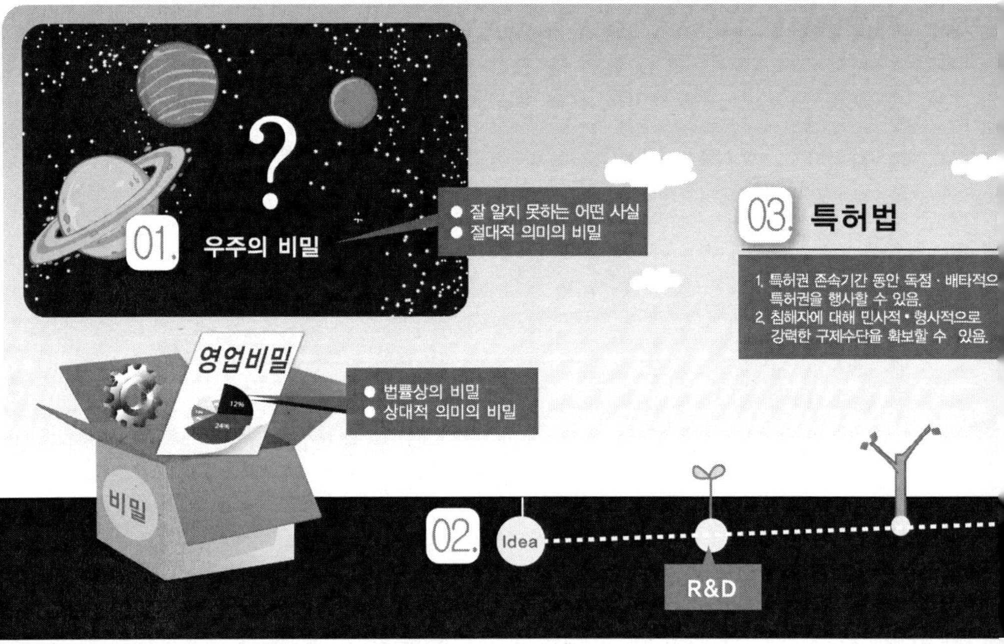

Infographic

특허와 영업비밀 중 어느 것으로 보호하는 것이 유리한가?

특허

- **보호 대상**: 발명, 즉 자연법칙을 이용한 기술적 사상의 창작으로서 고도한 것
- **보호 요건**: 산업상 이용가능성, 신규성, 진보성
- **보호 기간**: 출원일로부터 20년간 독점배타적인 권리

장점: 특허권 존속기간 동안 독점·배타적으로 행사할 수 있고, 침해자에 대해 민사적·형사적으로 강력한 구제수단을 확보할 수 있음.

기업의 정보를 영업비밀로 보호하면 이런 장점이 있구나~

영업비밀

- **보호 대상**: 공공연히 알려져 있지 않으며 독립된 경제적 가치를 가지는 것으로서, 합리적인 노력에 의하여 비밀로 유지된 기술상 또는 경영상의 정보
- **보호 요건**: 비밀성, 독립적 경제적 가치, 합리적인 노력에 의한 관리
- **보호 기간**: 비밀로 유지되고 관리되는 동안

영업비밀로 보호할 때의 장점

1. 비밀로 유지하는 한 기간 제한 없이 법적 보호를 받을 수 있음
2. 특허권으로 보호받기 어려운 기술적 정보나 비밀로 간직하고 있는 관리비결 등 경영정보 및 영업상의 아이디어 등도 보호받을 수 있음.

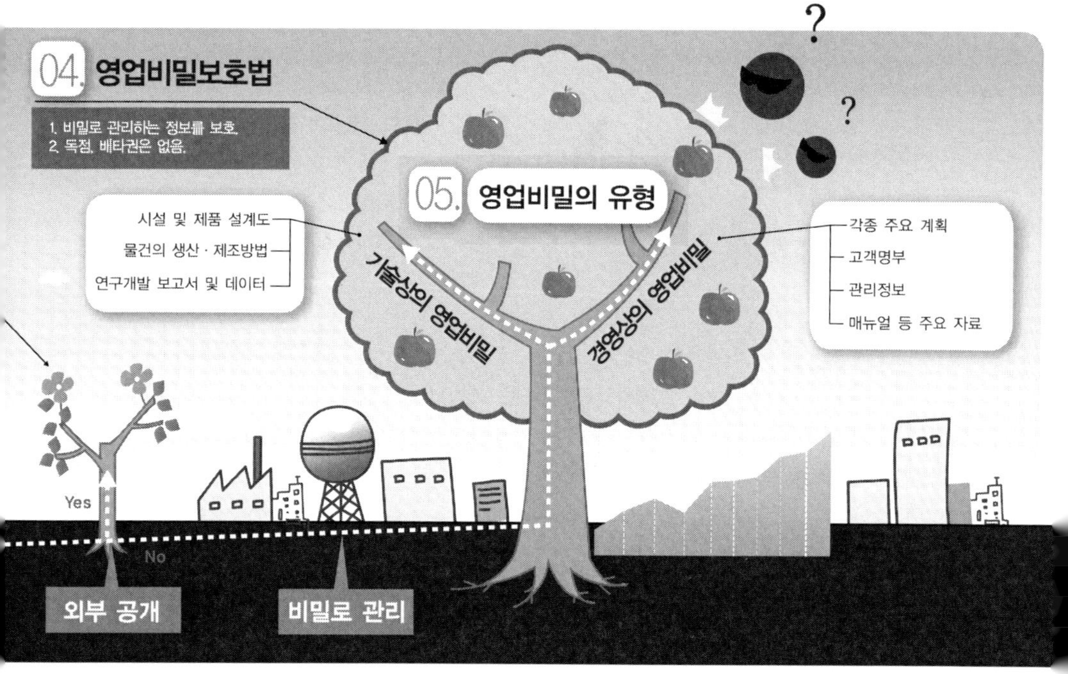

04. 영업비밀보호법

1. 비밀로 관리하는 정보를 보호
2. 독점, 배타권은 없음.

05. 영업비밀의 유형

기술상의 영업비밀
- 시설 및 제품 설계도
- 물건의 생산·제조방법
- 연구개발 보고서 및 데이터

경영상의 영업비밀
- 각종 주요 계획
- 고객명부
- 관리정보
- 매뉴얼 등 주요 자료

Yes → 외부 공개
No → 비밀로 관리

Module 1-1 영업비밀의 보호 필요성과 보호제도의 목적

보호 필요성

막대한 시간과 비용을 투자하여 개발한 기술과 정보를 제대로 보호받지 못하면 기업들 간에는 새로운 기술을 개발하지 않고 타인의 노력과 성과에 편승하여 부당한 이익을 취득하려는 풍조가 만연하게 될 것이다.

이는 건전한 경쟁질서 형성을 방해하여 장기적으로 기업은 물론 국가 경쟁력을 떨어트리는 원인이 되는데 이를 방지하기 위해 만들어진 법이 바로 '부정경쟁방지 및 영업비밀보호에 관한 법률(이하 영업비밀보호법)'이다.

영업비밀 보호제도의 목적

1. 건전한 경쟁질서 형성

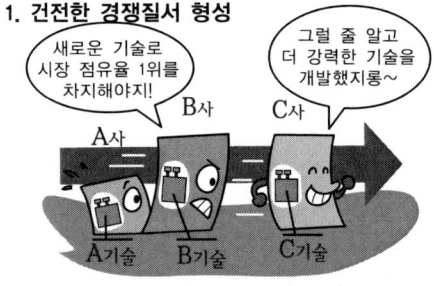

영업비밀 보호제도는 타인의 노력과 성과에 편승하여 부당한 이익을 취득하려는 행위를 금지하는 '부정경쟁 금지의 법리'를 실현하여 건전한 경쟁질서를 형성하기 위해 만들어진 제도이다.

2. 기업의 기술개발 및 이전계약 촉진

또한 새로운 기술 및 경영 정보의 개발의욕을 고취시켜 기업의 연구·개발활동을 촉진하고 기술이전에 발생할 수 있는 비밀누출 가능성을 예방하여 국내 기업 간 또는 국가 간 기술이전을 순조롭게 하여 기술이전시장 형성 및 해당기술의 효율적 이용을 촉진하는 것을 목적으로 한다.

Module 1-2 기업의 정보를 보호하는 두 가지 방법

개인이나 법인이 남들이 알지 못하는 기술을 발명하거나 자신에게 유용한 정보를 만들었을 경우, 이를 어떻게 활용할 것인지 고민하게 된다. 왜냐하면 정보의 종류에 따라 보호하는 방식이 달라지는데, 이때 어떠한 보호 방식을 취하느냐에 따라 정보의 활용 모습도 달라지기 때문이다.

1. 기술적 정보인 경우

신규하고 진보한 기술인 경우에는 자신의 기술을 공개하고 특허법을 통해 독점배타적 권리인 특허권을 받아 일정기간동안 보호받을 수 있고, 위에 해당하지 않거나 기술을 공개하고 싶지 않은 경우에는 이를 영업비밀로 관리하며 자신만 활용할 수도 있다.

2. 경영상 정보인 경우

기술적 정보가 아니라 고객 명부나 관리 정보 등 경영상 정보인 경우에는, 특허법의 보호는 받지 못하고 영업비밀로서 보호받을 수 있다.

핵심 정리

이처럼 알려지지 않은 정보를 보호하는 방법은 특허법에 의한 보호와 영업비밀보호법에 의한 보호로 크게 나누어진다.

Module 1-3 영업비밀의 개념

영업비밀이란?

'비밀'이라는 용어는 형법이나 민법 등 여러 법률에서 사용되고 있지만, 통일적으로 규정된 정의는 존재하지 않는다. 예를 들어 '우주의 비밀'은 '아무도 알지 못하는 사실'을 의미하지만 법적 의미의 비밀과는 거리가 있다. 이때, '우주의 비밀'과 같은 비밀을 절대적 의미의 비밀이라고 한다면 법률상 비밀은 상대적 의미의 비밀에 속한다.

영업비밀도 법률상 비밀이기 때문에 상대적 의미의 비밀이다. 따라서 몇몇 사람이 정보의 내용을 알고 있는 경우라도 이를 알고 있는 구성원 전원이 비밀유지 서약을 한 경우는 정보를 영업비밀로 공유하는 것으로 볼 수 있다[1].

영업비밀보호법은 '영업비밀'에 관하여 '공공연히 알려져 있지 아니하고 독립된 경제적 가치를 가지는 것으로서, 합리적인 노력에 의하여 비밀로 유지된 생산방법, 판매방법, 그 밖에 영업활동에 유용한 기술상 또는 경영상의 정보를 말한다'고 정의한다.

---

1) '비공지성'의 상대성에 관한 판결(2001노868 판결)
  영업비밀의 비공지성은 절대적인 비공지성을 의미하는 것이 아니라 상대적인 것으로서 비밀을 지킬 의무가 있는 사람들로서 제한 상태가 유지되고 있는 한 비공지성이 있다고 보아야 하고, 다른 사람들이 그 정보의 대체적인 윤곽을 알고 있더라도 구체적인 상세 정보를 갖지 못했다면 역시 비공지성이 있다.

다른 유사개념과의 비교

1. 기업비밀

영업비밀과 기업비밀을 구분짓는 경우, 기업비밀은 넓은 의미로는 산업비밀을 의미하며, 좁은 의미로는 영업비밀을 뜻한다.

즉, 영업비밀은 일종의 기업비밀이며, 기업비밀의 일부를 구성하고 있는 정보이다. 하지만, 영업비밀이 영업비밀보호법 소정의 요건을 구비하는 정보인데 반하여 기업비밀은 요건의 충족과는 상관없이 기업의 비밀에 속하는 것은 무엇이든지 포함된다는 점에서 차이가 있다.

2. 산업기술

산업기술의 유출방지 및 보호에 관한 법률(이하 '산업기술보호법') 제2조에서 규정하는 산업기술이라 함은 제품 또는 용역의 개발·생산·보급 및 사용에 필요한 제반 방법 내지 기술상의 정보 중에서 관계중앙행정기관의 장이 소관 분야의 산업경쟁력 제고 등을 위하여 법률 또는 해당 법률에서 위임한 명령에 따라 지정·고시·공고·인증하는 다음 각 목[2]의 어느 하나에 해당하는 기술을 말한다.

---

[2] 산업기술 관계 법률
 ① 「산업기술보호법」 제9조에 따라 고시된 국가핵심기술
 ② 「산업발전법」 제5조에 따라 고시된 첨단기술의 범위에 속하는 기술
 ③ 「산업기술혁신 촉진법」 제15조의2에 따라 인증된 신기술
 ④ 「전력기술관리법」 제6조의2에 따라 지정·고시된 새로운 전력기술
 ⑤ 「환경기술 및 환경산업 지원법」 제7조에 따라 인증된 신기술
 ⑥ 「건설기술 진흥법」 제14조에 따라 지정·고시된 새로운 건설기술
 ⑦ 「보건의료기술 진흥법」 제8조에 따라 인증된 보건신기술
 ⑧ 「뿌리산업 진흥과 첨단화에 관한 법률」 제14조에 따라 지정된 핵심 뿌리기술
 ⑨ 그 밖의 법률 또는 해당 법률에서 위임한 명령에 따라 지정·고시·공고·인증하는 기술 중 산업통상자원부장관이 관보에 고시하는 기술

영업비밀보호법은 기술 뿐만 아니라 경영상 정보도 보호대상으로 하고 있으며 비공지성, 경제적 유용성, 비밀관리성을 성립 요건으로 하는데 반하여, 산업기술보호법 상의 산업기술은 이러한 요건을 두지 않는다.

또한 산업기술은 대학이나 공공연구기관 등 다양한 범위까지 보호범위로 하며, 위와 같은 세 가지 요건을 구비한 경우 영업비밀로 보호받을 수도 있다.

3. 국가핵심기술

산업기술보호법은 '산업기술'이라는 개념 외에 '국가핵심기술'을 별도로 정의하고 있다. '국가핵심기술'이라 함은 국내외 시장에서 차지하는 기술적·경제적 가치가 높거나 관련 산업의 성장잠재력이 높아 해외로 유출될 경우에 국가의 안전보장 및 국민경제의 발전에 중대한 악영향을 줄 우려가 있는 기술로, 산업기술보호법 제9조에 의해 지정된 산업기술을 뜻한다.

국가핵심기술에 대하여는 강화된 벌칙(모듈1-7 참고)을 규정하고 있다.

4. 방위산업기술

방위산업과 관련한 국방과학기술 중 국가안보 등을 위하여 보호되어야 하는 기술로서 방위사업청장이 「방위산업기술 보호법」 제7조에 따라 지정하고 고시한 것을 말한다. 「방위산업기술 보호법」은 방위산업기술을 체계적으로 보호하고 관련 기관을 지원함으로써 국가의 안전을 보장하고 방위산업기술의 보호와 관련된 국제조약 등의 의무를 이행하여 국가신뢰도를 제고하는 것을 목적으로 하여 2015년 12월 29일 제정되어 2016년 6월 30일 시행되었다.

Module 1-4 특허와 영업비밀 중 어느 것으로 보호하는 것이 유리한가?

핵심 정리

특허법과 영업비밀보호법은 보호 대상, 보호 요건, 보호 기간에 있어 큰 차이점을 가지고 있다.

특허법의 보호 대상은 발명이다. 여기서 발명은 자연법칙을 이용한 기술적 사상의 창작으로 고도한 것을 뜻한다. 발명이 산업상 이용가능성, 신규성, 진보성을 충족한 경우에 해당 기술을 공개하는 대가로 일정기간 독점·배타적인 권리로 보호받을 수 있는데, 이때 부여받는 권리가 바로 특허권이다.

특허는 이처럼 엄격한 성립요건이 필요하지만 특허권자는 특허권 존속기간 동안 독점·배타적으로 특허권을 행사할 수 있고, 침해자에 대해 민사적·형사적으로 강력한 구제수단을 행사할 수 있는 장점이 있다.

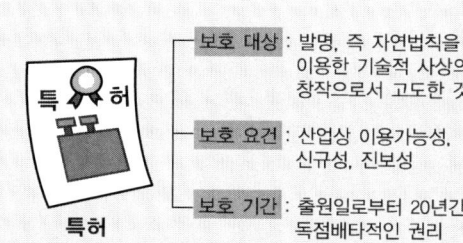

이에 반해 영업비밀보호법은 기술상, 경영상의 정보에 대해서 해당 정보가 비공지성, 경제적 유용성, 비밀관리성을 충족하는 경우에 이를 부정한 방법으로 취득, 사용, 공개하는 행위를 금지한다는 점에서 특허법과 차이가 있다.

영업비밀은 특허권과 같은 엄격한 성립요건이 필요 없고 기술정보 뿐만 아니라 경영정보도 포함하기 때문에 특허권으로 보호받기 어려운 기술적 정보(예컨대, 자연법칙과 기초과학상의 발견, 연산법과 수학공식, 화학제품의 미묘한 조합, 온도·성분에 관한 기술적 노하우, 특허요건에 부합되지 않는 기술적 사상 등)나 비밀로 간직하고 있는 관리비결 등 경영정보 및 영업상의 아이디어 등도 보호받을 수 있다.

하지만 특허와 달리 독점·배타권이 없기 때문에 타인이 동일한 기술을 정당하게 취득하거나 개발하여 사용할 경우 이를 금지할 수 없을 뿐만 아니라, 똑같은 기술을 개발한 타인이 특허권을 획득한 경우에는 기존 영업비밀 보유자가 오히려 영업비밀 사용의 제약을 받을 수도 있다는 점에서 특허보다 보호의 정도는 약하다고 할 수 있다.

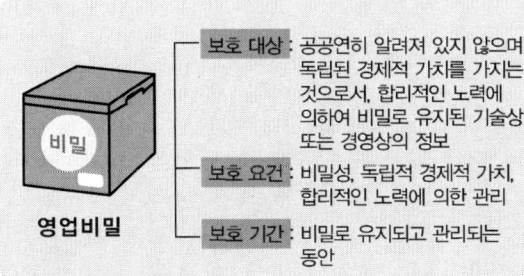

자신이 가진 정보가 특허로 보호받을 수 없는 경영정보인 경우에는 영업비밀로 보호받을 수 밖에 없지만, 특허로도 보호받을 수 있는 기술정보인 경우에는 기술을 외부로 공개하여 특허로 보호할 것인지 비밀로 관리하며 영업비밀로 보호할 것인지를 결정할 필요가 있다.

이때는 당해 기술의 종류와 수명, 업계의 수요, 경합기술의 유무, 침해행위의 발견 용이성 등을 종합적으로 검토하여 합리적인 보호 방안을 결정하여야 할 것이다.

핵심 정리
기업의 기술과 정보를 특허로 보호할지 영업비밀로 보호할지 결정할 때에는 당해 기술의 종류와 수명, 업계의 수요, 경합기술의 유무, 침해행위의 발견 용이성 등을 종합적으로 검토하여야 한다.

〈기업 보유정보 보호수단 선택 프로세스〉

기업 보유정보를 특허, 영업비밀, 일반자료로 구분하여
전략적으로 관리하기 위한 보편적인 의사결정 프로세스

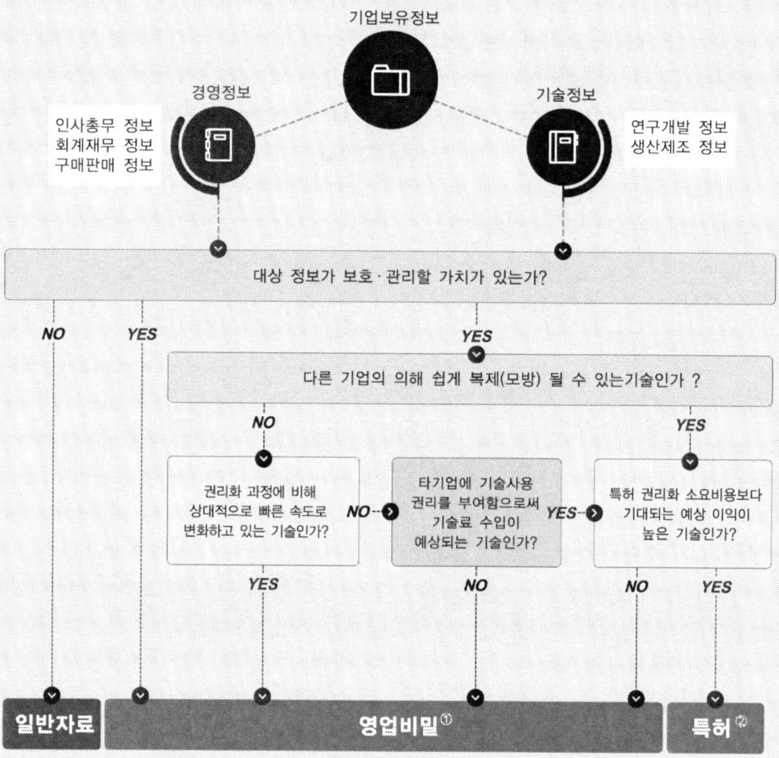

기업보유정보

경영정보
인사총무 정보
회계재무 정보
구매판매 정보

기술정보
연구개발 정보
생산제조 정보

대상 정보가 보호·관리할 가치가 있는가?

NO → 　　　YES

다른 기업의 의해 쉽게 복제(모방) 될 수 있는 기술인가?

NO　　　　　　　　　　　　　　YES

권리화 과정에 비해 상대적으로 빠른 속도로 변화하고 있는 기술인가?　　NO →　타기업에 기술사용 권리를 부여함으로써 기술료 수입이 예상되는 기술인가?　　YES →　특허 권리화 소요비용보다 기대되는 예상 이익이 높은 기술인가?

YES　　　　　　　　　　NO　　　　　　　　NO　　　YES

일반자료　　　　　**영업비밀**[①]　　　　　**특허**[②]

① 기업이 시장에서 경쟁상 우위를 확보하기 위하여 스스로 개발하고 비밀로 보유한 기술정보(생산 및 제조공정, 제조방법 등)와 경영정보(영업 전략, 고객목록, 기업의 사업계획 등)를 말함
② 발명을 한 자 또는 그의 정당한 승계인에게 그 발명을 대중에게 공개한 대가로 일정기간 동안 배타적인 권리를 주는 행정행위를 말함

* 보호수단 선택 프로세스는 전문가별로 견해 차이가 있을 수 있으며 절대적인 기준은 아님

Module 1-5 영업비밀 보호제도의 특성

1. 정보를 비밀로 유지하는 상태를 보호

특허법, 실용신안법은 기본적으로 자신의 기술을 공개한 대가로 일정 기간 독점·배타권을 부여하는 법률이다. 이에 반해 영업비밀보호법은 정보를 공개하지 않고 비밀로 관리하는 경우에 보호한다는 점에서 특허법과는 다르다.

즉, 영업비밀은 하나의 권리라기보다는 사실상의 재산(de facto assets)에 가깝다. 영업비밀보호법은 특허권처럼 정보에 대한 독점·배타권을 부여하는 것이 아니라 '정보를 비밀로 유지하는 상태'를 보호하고, 이를 침해하는 행위를 금지함으로써 영업비밀을 보호한다.

2. 독점·배타권이 없음

앞서 설명한 바와 같이 영업비밀의 보호 방식은 일정한 기간 독점·배타권을 부여하는 것이 아니라, 관리하고 있는 영업비밀을 부당하게 침해하는 행위를 금지함으로써 영업비밀을 보호하는 방식을 취한다.

때문에 영업비밀로 유지되는 동안에는 계속 보호가 가능하며, 독점·배타적 권리가 아니기 때문에 제3자가 동일한 영업비밀을 독자적으로 가지고 있거나 사용하는 경우 본인의 영업비밀을 침해한 것이 아니라면 침해금지나 손해배상을 청구할 수 없다.

영업비밀은 양도하거나, 이에 대한 실시계약을 체결할 수 있지만 이러한 권리는 특허권과 달리 물권적, 배타적 권리가 아니고 등록을 할 수도 없다[3].

---

3) 이러한 단점을 보완하기 위해 특허청은 "영업비밀 원본증명서비스"를 도입하였다. 이 서비스는 영업비밀이 담긴 전자문서는 개인이나 기업이 자체적으로 보관하면서 정보를 외부로 공개하지 않고 해당 전자문서로부터 추출된 고유의 식별값, 즉 전자지문의 등록을 통해 영업비밀의 보유 사실을 증명해 주는 서비스이다. 이 서비스는 특허청 산하기관인 "한국특허정보원(www.tradesecret.or.kr)"에서 운영하고 있다.

Module 1-6 영업비밀의 유형

핵심 정리

영업비밀의 유형은 크게 기술상의 영업비밀과 경영상의 영업비밀로 나눌 수 있다.

1. 기술상의 영업비밀

대상	설명
시설 및 제품 설계도	중요 공장의 설계도면, 기계장치의 배치도, 제품 생산라인의 설계도, 공정 설계도
물건의 생산·제조 방법	제품의 생산, 가공, 조립 또는 제조 방법으로 비법이거나 미공개된 것
물질의 배합방법	물질을 생성하는 반응 순서, 원료의 배합순서, 배합비율, 시차 등으로서 공개되지 않고, 역설계로 알아낼 수 없는 것
연구 개발 보고서 및 데이터	연구 개발 과정, 결과 보고서 및 연구에 사용된 데이터
실험 데이터	개발 중인 시제품 또는 시제품의 성능 실험, 의약품의 효능, 기계장치의 시운전 데이터 등
시설, 기계설비, 장비	기업이나 개인이 독자적으로 개발하여 보유하고 있는 시설, 특수장비와 설비 등

2. 경영상의 영업비밀

대상	설명
각종 주요계획	경영 전략, 신규 투자 계획, 신제품 개발·생산 계획, 마케팅·판매 계획, 인력 수급계획 등
고객 명부	지역별 고객 리스트, 연령별 또는 직업별 분류표 및 대리점·영업점의 제반 영업자료 등
관리 정보	원가 분석, 마진율, 거래처 정보, 인사·재무관리 및 경영 분석 정보 등
매뉴얼 등 중요 자료	그 기업의 기술과 경험을 바탕으로 한 방법 기술 서류, 그 회사만의 특유한 방법이나 기법을 담고 있는 매뉴얼

일반용

Module Quiz

1. 다음 중 영업비밀 보호제도의 목적은?
   ⓐ 기업의 기술개발 및 이전계약 촉진
   ⓑ 무역과 투자 장벽 완화를 통한 시장 접근성 강화
   ⓒ 발명을 보호·장려함으로써 기술 발전을 도모
   ⓓ 창작물의 공정한 이용을 도모함으로써 문화의 향상 발전에 이바지

2. 다음 중 영업비밀로 보호 받을 때 장점이 아닌 것은?
   ⓐ 특허의 보호요건을 충족하지 않는 기술적 정보를 보호받을 수 있음
   ⓑ 비밀로 유지되고 관리되는 동안 계속해서 보호받을 수 있음
   ⓒ 경영정보, 영업상 아이디어를 보호받을 수 있음
   ⓓ 독점 배타적인 권리를 가짐

3. 다음 중 영업비밀로 보호받을 수 없는 것은?
   ⓐ 시설 및 제품 설계도
   ⓑ 연구 개발 보고서 및 데이터
   ⓒ 고객명부
   ⓓ 업계에 널리 사용되는 생산 노하우

정답)
1. ⓐ 정답
   ⓑ FTA의 목적
   ⓒ 특허법에 해당하는 내용
   ⓓ 저작권법의 보호 목적
2. ⓓ 영업비밀에 대한 권리는 독점배타권이 아니기 때문에 제3자가 동일한 영업비밀을 독자적으로 가지고 있거나 사용하는 경우에도 비밀 보유자의 영업비밀을 침해한 것이 아니라면 침해금지 혹은 손해배상 등을 청구할 수 없다
3. ⓓ 노하우는 트레이드 시크릿 중 기술적 정보만을 지칭하는 것으로 반드시 비공지성을 요건으로 하지 않음

일반용

Module Quiz

---

4. ( ) 속에 알맞은 단어를 쓰시오.

　　영업비밀의 비밀은 법률적 비밀로 ( ) 의미의 비밀이다. 따라서 몇몇 사람이 정보의 내용을 알고 있는 경우라도 이를 알고 있는 구성원 전원이 비밀유지 서약을 한 경우는 정보를 영업비밀로 공유하는 것으로 볼 수 있다

5. ( ) 속에 알맞은 단어를 쓰시오.

　　영업비밀의 유형에는 ( )상의 영업비밀과 ( )상의 영업비밀이 있다

정답)
4. 영업비밀의 비밀은 법률적 비밀로 (상대적) 의미의 비밀이다. 따라서 몇몇 사람이 정보의 내용을 알고 있는 경우라도 이를 알고 있는 구성원 전원이 비밀유지 서약을 한 경우는 정보를 영업비밀로 공유하는 것으로 볼 수 있다
5. 영업비밀의 유형에는 (기술)상의 영업비밀과 (경영)상의 영업비밀이 있다

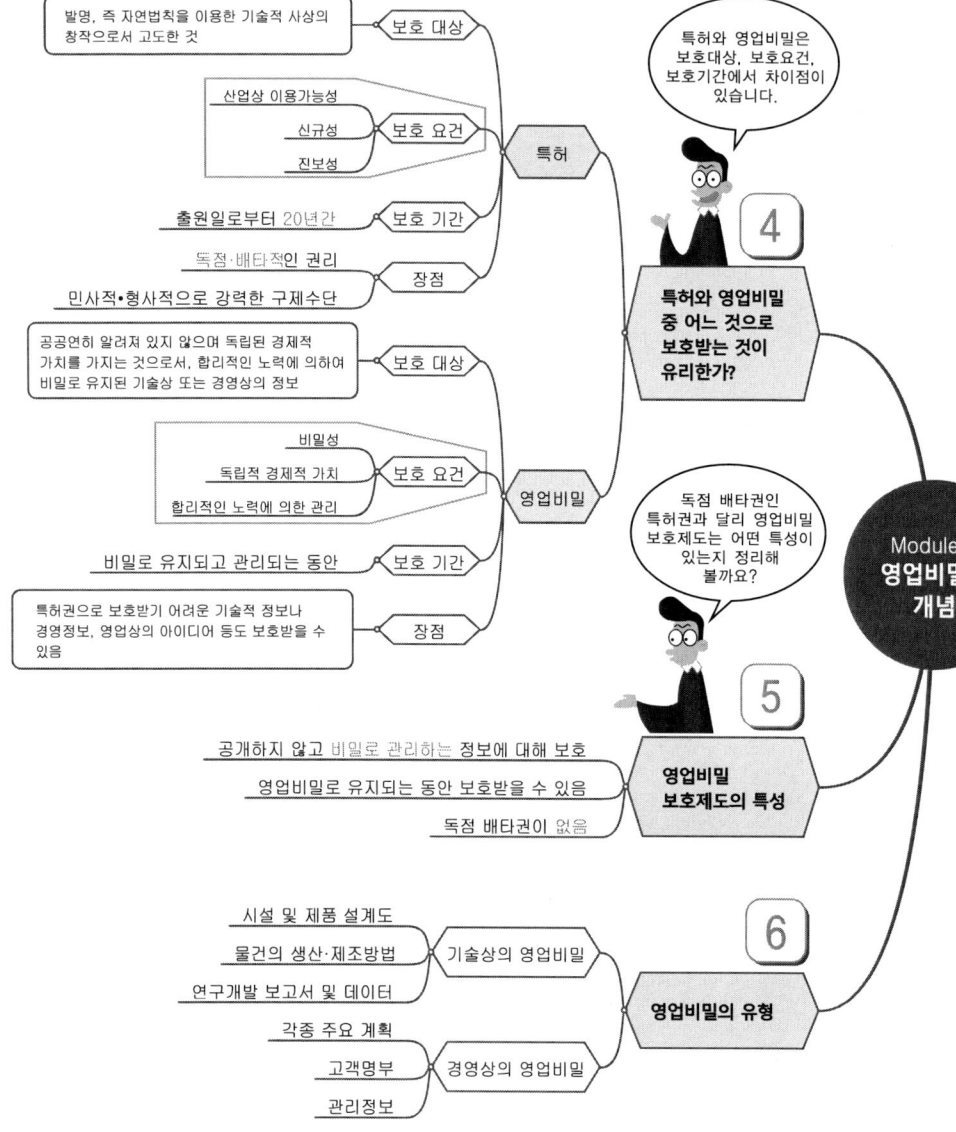

Key point

마인드맵으로 학습내용을 요점정리 하세요.

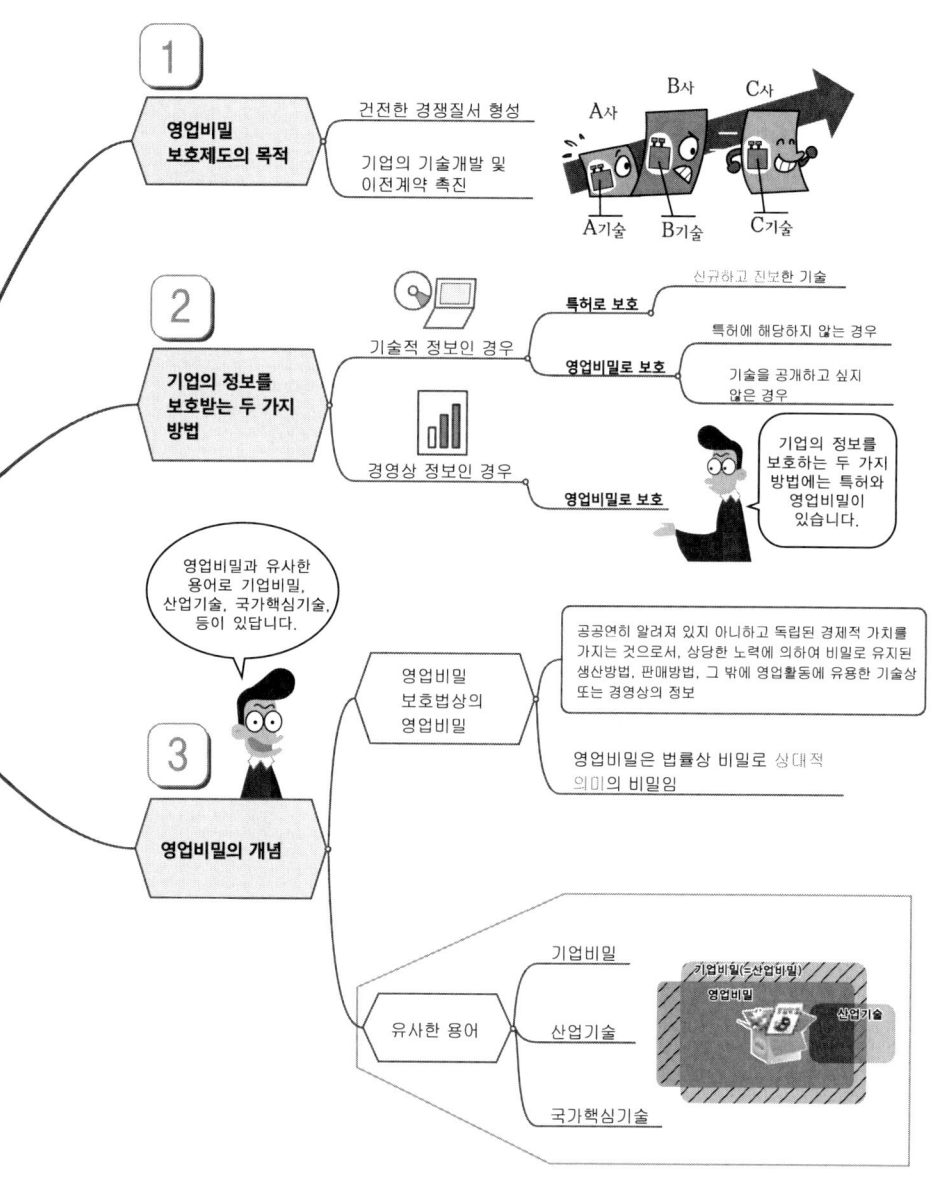

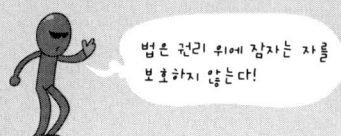

영업비밀의 요건

『기업의 정보를 영업비밀로
보호하기 위해 필요한 요건은?』

Module 2

Module 2. 영업비밀의 요건

1. 영업비밀의 세 가지 요건
2. 비공지성
3. 경제적 유용성
4. 비밀관리성

만화와 질문을 통해 학습 주제에 대하여 생각해 보세요.

질문에 대한 답은 본문의 핵심정리를 참고해 주세요~

1. 기업의 정보를 영업비밀로 보호받기 위해 필요한 세 가지 요건은?

2. 업무상 기업 외부의 일정한 사람들이 알고 있는 정보도 영업비밀로 보호받을 수 있을까?

3. 종교적인 교의를 담은 비밀문서나 실패한 실험 정보도 영업비밀로 보호받을 수 있을까?

4. 영업비밀은 합리적인 노력에 의해서 비밀로 관리되어야 한다. 이때 합리적인 노력에 의해서 비밀로 유지되는 경우란?

영업비밀의 요건

Infographic

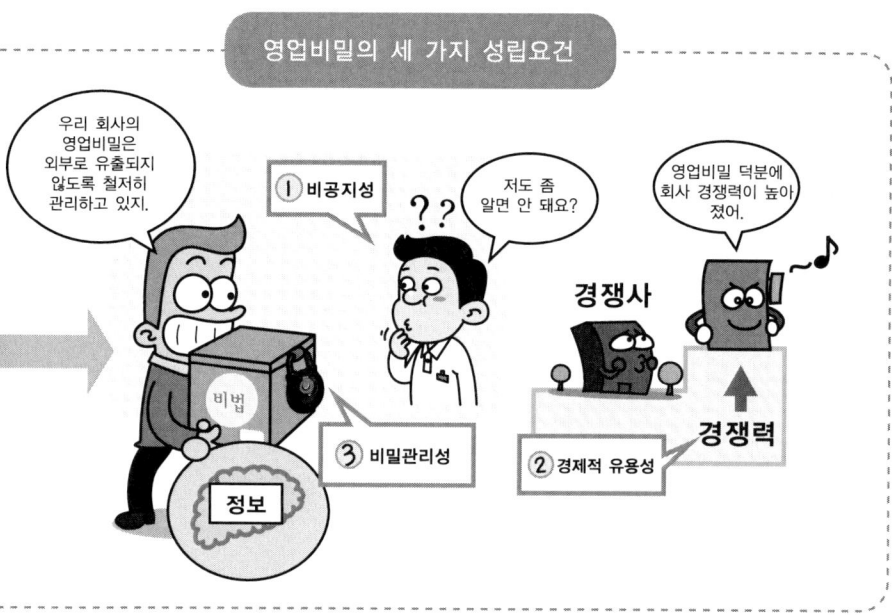

영업비밀의 세 가지 요건

우리나라 영업비밀보호법은 영업비밀을 공공연히 알려져 있지 않고 독립된 경제적 가치를 가지는 것으로서 합리적인 노력에 의하여 비밀로 유지된 생산방법, 판매방법, 그 밖에 영업활동에 유용한 기술상 또는 경영상의 정보로 정의한다(영업비밀보호법 제2조 제2호).

핵심 정리
여기서 우리는 영업비밀의 세 가지 성립 요건을 찾을 수 있는데 바로 '비공지성', '경제적 유용성', '비밀관리성'이다.

비공지성

공연히 알려져 있지 않은 비밀

영업비밀은 말 그대로 '비밀'이어야 한다. 즉, 영업비밀보호법상 영업비밀은 '공연히 알려지지 않은' 상태여야 한다. 따라서 이미 해당 산업 내에서 공연히 알려져 있거나 누구나 제한 없이 입수할 수 있다면 그 정보는 영업비밀로서 자격을 상실한 것이 된다. 비공지성의 입증은 침해를 주장하는 자, 즉 영업비밀 보유자가 증명하여야 한다.

1. '공연히 알려져 있지 않은'의 의미

'공연히 알려져 있지 않은' 상태란 불특정 다수가 그 정보를 알고 있거나 알 수 있는 상태에 있지 않은 것으로서, 정보의 내용이 공개된 간행물 등에 게재되지 않고 비밀상태인 것을 의미하며, 정보의 보유자는 정보가 비밀상태(비공지성)에 있기 때문에 경제적 이익과 시장에서 경쟁상의 우위를 가질 수 있는 상태를 의미한다.

2. 비공지성은 상대적 개념

비공지성은 절대적 개념이 아니라 상대적 개념이다. 즉, 누구도 알 수 없는 우주의 비밀과 같은 절대적 비밀이 아니라 일정한 범위를 한정하여 비밀이 유지된다면 충분하다. 따라서 일정 범위의 사람들이 알고 있더라도 그 사람들 간에 정보가 비밀로 유지되거나, 타인이 정보의 대체적인 윤곽을 알고 있더라도 구체적인 상세정보를 갖지 못한다면 비공지성이 인정된다[1].

---

[1] 회로도 또는 회로도 파일, 레이아웃 도면 파일, 공정관련 설계자료집 파일 및 양산관련 '조립규격' 파일 등은 비메모리 반도체집적회로의 설계 및 판매 전문회사인 공소외 주식회사가 상당한 시간과 비용을 들여 연구 개발한 것으로서 공소외 주식회사의 영업에 있어 핵심적인 요소 중의 하나일 뿐만 아니라, 외부로 유출될 경우 경쟁사, 특히 후발경쟁업체가 동종 제품을 개발함에 있어 기간 단축의 효과를 가져올 수 있고, 그 내용이 일반적으로 알려지지 아니함은 물론 공소외 주식회사가 이를 비밀로 관리해왔으므로, 위 기술정보들은 모두 공소외 주식회사의 영업비밀에 해당하고, 위 회로도에 표시된 소자의 선택과 배열 및 소자값 등에 관한 세부적인 내용이 공연히 알려져 있지 아니한 이상, 다른 업체들이 공소외 주식회사 제품과 기능이 유사한 제품들을 생산하고 있다거나 타 회사 제품의 데이터시트(datasheet) 등에 그 제품의 극히 개략적인 회로도가 공개되어 있다는 등의 사정만으로 이와 달리 볼 수 없다(대법원 2009.10.29. 선고 2007도6772 판결).

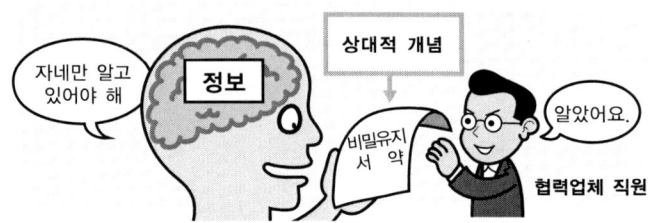

 핵심 정리
일정 범위의 사람들이 알고 있더라도 그 사람들 간에 정보가 비밀로 유지되는 경우에는 영업비밀로 인정된다.

3. 비공지성과 관련한 문제

가. 역설계

영업비밀의 보유자인 회사가 직원들에게 비밀유지의 의무를 부과하는 등 기술정보를 엄격하게 관리하는 이상, 역설계가 가능하고 그에 의하여 기술정보의 획득이 가능하더라도, 그러한 사정만으로 그 기술정보를 영업비밀로 보는 데에 지장이 있다고 볼 수 없다(대법원 1999. 3. 12. 선고 98도4704 판결).

나. 조합방법이 외부에 알려지지 않은 경우

공연히 알려진 정보의 조합일지라도 그 조합방법이 외부에 알려져 있지 않아서 한 쪽 업체의 정보가 다른 경쟁사의 정보에 대하여 우위성을 유지하고 있는 경우에는 비공지성이 인정된다.

| 사례 | 정보의 조합방법이 외부에 알려져 있지 않은 경우 |

① 고액소득자, 로터리 클럽, 라이온스 클럽, 의사회 등의 명부에서 수집한 인명, 주소, 전화번호(공연히 알려진 정보의 조합)일지라도 이를 200만명에 대한 통신판매 결과를 토대로 추출, 정리(조합방법이 외부에 알려져 있지 않음)한 3만명의 고객정보는 영업비밀에 해당한다.
② 200여명의 고객을 정리한 고객명부도 판매비용을 절약하여 영업의 효율화를 달성하는 가치(재산적 가치)가 있다는 점에서 비공지의 영업비밀이라 할 수 있다.

다. 국외 공지

음료나 맥주의 용기에 내용물의 온도를 확인할 수 있는 열감지테이프나 열감지잉크 등의 온도감응수단을 부착하는 아이디어는 국내에서 사용된 바는 없다 할지라도 국외에서 이미 공개나 사용됨으로써 그 아이디어의 경제적 가치를 얻을 수 있는 자에게 알려져 있는 상태에 있었으므로, 온도테이프를 부착한 맥주 용기에 관한 아이디어는 부정경쟁방지법에서의 영업비밀이라고 볼 수 없다(서울지법 96가합7170 판결).

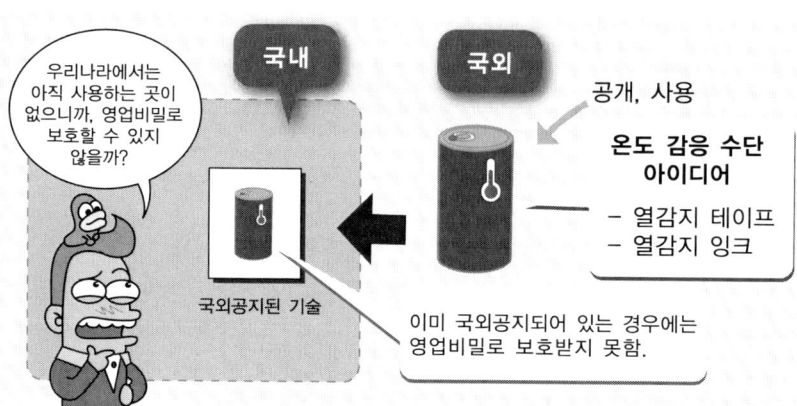

Module 2-3 경제적 유용성(독립된 경제적 가치)

독립된 경제적 가치란?

1. 영업비밀은 독립된 경제적 가치를 가지고 있어야 함

비밀이라고 할지라도 경제적 관점에서 의미가 없다면 영업비밀에 해당하지 않는다. 예를 들어 종교적인 교의를 담은 비밀문서는 순전히 영적인 가치에 관한 것으로 영업비밀로 보호받지 못한다. 전혀 실현가능성이 없는 정보 또한 마찬가지이다.

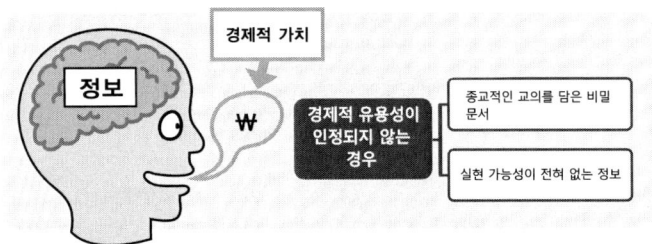

이때 독립된 경제적 가치란 정보의 보유자가 정보를 사용하여 경쟁자에 대하여 경쟁상의 이익을 얻을 수 있거나 정보의 취득이나 개발을 위해 상당한 비용이나 노력이 필요하다는 것을 의미한다[2].

2. 영업비밀 그 자체가 경제 거래의 대상이 되는 것을 의미하지는 않음

독립된 경제적 가치를 가진다고 함은 영업비밀 그 자체가 경제 거래의 대상이 되는 것을 의미하지는 않는다. 즉, 영업비밀의 보호요건으로서 독립된 경제적 가치란 원칙적으로 비공지성으로부터 유래한 것으로 경쟁자가 그 정보가 비밀로 지켜지기 때문에 현실적이건 잠재적이건 경제적 가치를 가지면 된다. 따라서 바로 영업 활동에 이용할 수 있을 정도로 완성 단계에 이르지 못한 것이라도 영업비밀이 된다.

---

2) 소극적인 정보, 즉 장기간에 많은 비용이 소요된 연구 및 실험결과를 통하여 어떤 공정이 유용하지 않다는 정보 역시 실패를 반복하지 않고, 그 실험을 생략하여 연구개발비를 절약하는 등으로 사업활동의 효율을 높일 수 있으므로 영업비밀에 해당한다(서울중앙지방법원 2000가합54005판결).

3. 위법한 정보는 보호되지 않음

위법한 정보, 예를 들어 뇌물 정보나 스캔들 사실과 같은 정보는 영업비밀로 보호되지 않는다. 다만, 위법성을 직접적으로 판단하기 어려운 경우에는 영업비밀로 보호받을 수 있다 (2004노1493판결).

독립된 경제적 가치의 판단 기준[3)4)]

1. 경쟁상의 이익을 얻을 수 있는 경우

영업비밀의 보유자가 정보를 사용함으로써 생산비를 절감하거나 판매를 보다 효율적으로 수행하는 등의 경제적인 이익을 얻거나 혹은 경쟁자에 대하여 자신의 경쟁력을 향상시키는 데 도움이 될 때 독립된 경제적 가치가 인정된다.

2. 정보의 취득이나 개발을 위해 상당한 비용이나 노력이 필요한 때

정보의 취득사용에 있어 대가나 사용료를 지급하거나 혹은 정보의 독자적인 개발을 위해서 상당한 노력과 비용이 필요할 때 독립된 경제적 가치가 인정된다.

---

3) 수년에 걸쳐 인원과 자금을 투입하여 시행착오 끝에 만들어 냈을 뿐만 아니라 이를 이용하여 제작한 권선기의 권선을 감는 속도가 국내는 물론이고 외국회사의 권선기에 비하여도 월등히 빠른 경우 등 독립된 경제적 가치를 인정함(대구고등법원 2000나2291 판결).

4) 기술정보가 원고회사의 영업에 있어 핵심적 요소로서 원고 회사는 그 기술의 개발을 위하여 오랜 시간 동안 막대한 비용과 노력을 들여 기술이전과 개발을 하였을 뿐만 아니라, 이 기술로 인해 경쟁업체와의 경쟁을 유리하게 이끌 수 있는 경우에는 독립된 경제적 가치로서 경제적 유용성이 인정된다(2001나1142 판결).

물론 기업이 어떤 정보의 개발을 위하여 비용이나 시간을 투자했다는 사실은 그 정보가 상업적인 가치를 지닌다는 증거가 되는 동시에 그 정보와 관련한 침해 발생 시 손해배상을 위한 기초가 될 수 있을 것이다. 그러나 이것만으로 독립된 경제적 가치가 인정되지는 않는다.

소극적인 정보라도 사업활동의 효율을 높일 수 있다면 영업비밀에 해당한다. 예를들어 장기간에 많은 비용이 소요된 연구나 실험결과를 통하여 어떤 공정이 유용하지 않다는 정보 역시 실패를 반복하지 않고, 그 실험을 생략하여 연구개발비를 절약할 수 있기 때문에 영업비밀에 해당한다(2000가합54005판결)[5][6].

같은 이유로 실패한 데이터의 경우에도 경제적 가치를 인정할 수 있다.

 핵심 정리

전혀 실현가능성이 없는 정보, 실패한 데이터도 사업활동의 효율을 높일 수 있다면 영업비밀로 보호받을 수 있다.

---

5) 2년여의 기간 동안에 시행착오를 겪으면서 많은 실험과 평가과정의 반복을 통하여 이 사건 기술정보인 도금조건을 선정하는 등 그 선정에 상당한 노력, 비용과 시간을 들인 경우 독립된 경제적 가치를 인정함(서울중앙지방법원 2002가합10672 판결).
6) 회로도란 부품의 배열, 부품의 연결, 부품의 규격과 전기적 수치 등을 공인된 기호를 사용하여 단면에 표시한 도면으로서 회로도를 설계함에 있어 가장 중요한 부분은 소자의 선택과 소자의 배열 등이고, 향후 제품에서 실현할 구체적 기능 구현을 완성하기 위해서는 주어진 규격에 따른 성능 테스트 등을 통하여 세부 규격을 정하는 과정을 거쳐야만 하므로, 설령 회로도에 담긴 추상적인 기술사상이 공지되었다고 하더라도 위와 같은 과정을 거쳐서 완성되는 회로도의 독립된 경제적 가치를 부정할 수는 없다(대법원 2008.2.29. 선고 2007도9477 판결).

Module 2-4 비밀관리성

합리적인 노력에 의해서 비밀로 유지되는 경우

2015년 개정법은 영업비밀로 보호되기 위해 필요한 비밀유지 관리 수준을 '상당한 노력'에서 '합리적인 노력'으로 완화하였다. 개정법의 기준인 '합리적인 노력'에 대해 설명하기 전에 개정 전 기준인 '상당한 노력'에 대해 알아보자.

개정 전 영업비밀보호법에 따르면 정보가 영영업비밀로 보호받기 위해서는 '상당한 노력'에 의해서 비밀로 관리되어야 하는데 이때 '상당한 노력'에 의해서 비밀로 유지되는 경우는 다음과 같다.

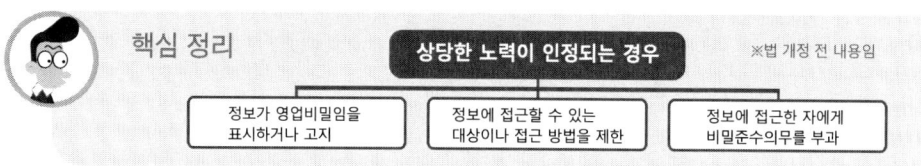

관리를 위한 노력의 정도

영업비밀 관리를 위한 노력의 정도는 상대적이다. 예를 들어 창으로 침입한 자에 대하여는 정보를 기재한 서류를 책상 서랍에 넣어두는 정도만으로도 영업비밀을 관리하고 있다고 할 수 있지만, 서류를 자유로이 열람하는 사내의 종업원에 대하여는 그 정도로는 부족하고, 서류비밀표시를 붙여두던지, 라커에 잠금장치를 하여 보관할 필요가 있다[7][8].

이에 따라 법원은 영업비밀 침해를 판단하기 위하여 비밀 관리를 위한 노력이 충분하였는지 판단할 때에 기업의 규모를 고려한다. 즉 기업 규모에 비추어 과도한 정도의 비밀관리 노력을 요구하지 않지만 충분히 감당할 수 있는 비밀관리 노력조차 취하지 않았다면 비밀관리 노력이 부정될 수 있다고 판단한다.

또한 영업비밀의 관리 정도에 대해 판단할 때 법원은 주관적 의지와 객관적 노력을 함께 요구한다.

첫째, 법원은 영업비밀 보유자가 정보를 비밀로 유지하고 관리하는 데 필요한 상당한 노력을 의도적(주관적)으로 기울일 것을 요구한다. 예를 들어 단순히 취업규칙에 직원들의 업무상 취급 정보와 그 밖에 알게 된 일체의 정보를 누설하지 않거나 이용하지 않겠다는 서약을 받은 것만으로는 상당한 노력에 의해 영업비밀을 관리하고 있다고 인정하지 않고 실제 다투어지는 정보가 영업비밀로 관리되고 있었는지를 함께 판단한다.

그리고 위와 같은 주관적 의지 뿐만 아니라 객관적으로 그 비밀의 관리 여부가 나타나야 한다. 때문에 비밀관리성이 인정되기 위해서는 정보에 대한 접근을 한정하는 대인적인 조치 뿐만 아니라 정보 접근을 위한 특정한 구역을 설정한다거나 물리적 접근을 통제하는 등의 다양한 형태의 관리가 필요하다[9][10].

---

7) 직원들이 취득사용한 회사의 업무 관련 파일이 보관 책임자가 지정되거나 보안장치보안관리규정이 없었고 중요도에 따른 분류 또는 대외비기밀자료 등의 표시도 없이 파일서버에 저장되어 회사 내에서 일반적으로 자유롭게 접근열람복사할 수 있었던 사안에서, 이는 상당한 노력에 의하여 비밀로 유지된 정보라고 볼 수 없다(2008도3435).
8) '무단복제 및 전제금지', '이 문서에 대한 모든 책임은 출력자에게 있습니다', '社外秘(confidential)' 등을 기재한 것만으로는 부족하고, 오히려 위 기술 정보에 관한 문서나 설계도면 등을 개발자들의 책꽂이에 바인더로 꽂아 놓고 회사 밖으로도 가지고 나갈 수 있도록 한 사실을 인정하면서 비밀을 관리하지 않은 것으로 판단하였다(2006가합17631 판결).
9) '상당한 노력에 의하여 비밀로 유지된다'는 것은 그 정보가 비밀이라고 인식될 수 있는 표시를 하거나 고지를 하고, 그 정보에 접근할 수 있는 대상자나 접근 방법을 제한하거나 그 정보에 접근한 자에게 비밀준수의무를 부과하는 등 객관적으로 그 정보가 비밀로 유지·관리되고 있다는 사실이 인식 가능한 상태인 것을 말한다(대법원 2008도3435 판결).
10) 영업비밀이 되기 위해서는 사업자가 어떤 정보를 비밀로 생각하는 것으로는 충분치 않고, 객관적으로 그 정보가 비밀로 유지·관리되고 있으며 또 제3자가 그 비공지성을 객관적으로 인식할 수 있어야 하는데, 원고가 비교적 규모가 적은 중소기업인 점을 감안하더라도 서약서를 받는 외에 핵심기술을 문서화하여 그 접근을 제한하거나, 연구소 관계자 외에는 출입하지 못하도록 하는 등 기술정보를 엄격하게 관리하였다는 사정이 보이지 않고, 오히려 연구실 관계자들에게 연구결과 등이 모두 공개되고 별다른 접근제한조치가 없었던 것으로 보아 기술정보가 객관적으로 영업비밀로 유지·관리되어 왔다고 보기 어렵다(대구지방법원 2004가합10118 판결).

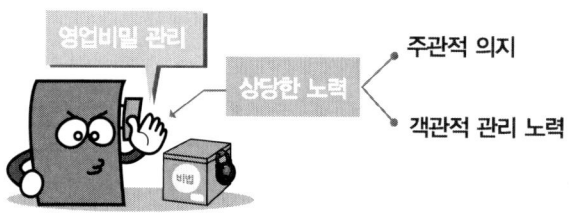

'상당한 노력'에서 '합리적인 노력'으로의 개정

앞서 언급했듯 2015년 개정법은 영업비밀로 보호되기 위해 필요한 비밀유지 관리 수준을 '상당한 노력'에서 '합리적인 노력'으로 완화하였다.

개정 전에는 영업비밀로 보호받기 위해서 '상당한 노력'으로 비밀을 유지해야 하는데, 자금 사정이 좋지 않은 중소기업은 영업비밀 보호를 위한 충분한 시스템을 구비하지 못하여 영업비밀로 보호받지 못하는 사례가 발생했다. 이에 비밀유지에 필요한 '상당한 노력'을 '합리적인 노력'으로 완화하여 중소기업의 영업비밀보호를 강화하였다.

최근 하급심 법원은 개정된 법률이 시행된 이후에는 영업비밀의 요건을 갖추었는지 여부를 판단함에 있어 다음과 같이 변경된 기준을 적용하여야 한다고 판시한 바 있다.

사례 의정부지방법원 2016노1670 판결

개정경위에 비추어 볼 때 비밀로 유지하기 위한 '합리적인 노력'을 기울였는지 여부는 해당 정보에 대한 접근을 제한하는 등의 조치를 통해 객관적으로 정보가 비밀로 유지관리되고 있다는 사실이 인식 가능한 상태가 유지되고 있는지 여부(접근 제한+객관적 인식가능성)를 해당 정보에 대한 ①물리적,기술적 관리, ②인적,법적 관리, ③조직적 관리가 이루어졌는지 여부에 따라 판단하되, 각 조치가 '합리적' 이었는지 여부는 영업비밀 보유 기업의 규모, 해당 정보의 성질과 가치, 해당 정보에 일상적인 접근을 허용하여야 할 영업상의 필요성이 존재하는지 여부, 영업비밀 보유자와 침해자 사이의 신뢰관계의 정도, 과거에 영업비밀을 침해당한 전력이 있는지 여부 등을 종합적으로 고려해 판단해야 할 것.

일반용

Module Quiz

1. 다음 중 영업비밀의 요건이 아닌 것은?
ⓐ 비공지성
ⓑ 경제적 유용성
ⓒ 신규성
ⓓ 비밀관리성

2. 다음 중 독립된 경제적 가치가 인정되는 경우가 아닌 것은?
ⓐ 경쟁상의 이익을 얻을 수 있는 경우
ⓑ 종교적인 교의를 담은 비밀 문서
ⓒ 정보의 취득이나 개발을 위해 상당한 비용이나 노력이 필요할 때.
ⓓ 정보를 사용함으로써 생산비를 절감할 수 있는 경우

3. 상당한 노력에 의하여 비밀로 유지되는 경우가 아닌 것은?
ⓐ 정보가 영업비밀임을 표시하거나 고지
ⓑ 정보에 접근할 수 있는 대상이나 접근 방법을 제한
ⓒ 정보의 취득이나 개발을 위하여 상당한 비용이나 노력이 필요한 경우
ⓓ 정보에 접근한 자에게 비밀준수의무를 부과한 경우

정답)
1. ⓒ 신규성은 특허의 보호요건임
2. ⓑ 경제적 관점에서 의미기 없기 때문에 영업비밀로 인정되지 않음
3. ⓒ 비밀관리성이 아니라 경제적 유용성이 인정되는 경우임

담당자용

---

4. 판례의 입장과 다른 것을 고르시오.
   ⓐ 영업비밀이 공연히 알려져있지 아니하다 함은 그 정보가 간행물 등의 매체에 실리는 등 불특정 다수인에게 알려져있지 않기 때문에 보유자를 통하지 아니하고는 그 정보를 통상 입수할 수 없는 것을 말한다
   ⓑ 일반적으로 알려져 있는 내용이라 하더라도 기업이 스스로 비밀로 철저히 관리하고 있다면 영업비밀이라 할 수 있다
   ⓒ 절대적인 비공지성을 의미하는 것이 아니라 상대적인 것으로서 비밀을 지킬 의무가 있는 사람들로서 제한 상태가 유지되고 있는 한 비공지성이 있다고 보아야 하고, 타인이 그 정보의 대체적인 윤곽을 알고 있더라도 구체적인 상세정보를 갖지 못했다면 역시 비공지성이 인정된다
   ⓓ 음료나 맥주의 용기에 내용물의 온도를 확인할 수 있는 열감지테이프나 열감지잉크 등의 온도감응수단을 부착하는 아이디어는 국내에서 사용된 바는 없다 할지라도 국외에서 이미 공개사용됨으로써 그 아이디어의 경제적 가치를 얻을 수 있는 자에게 알려져 있는 상태에 있었으므로, 온도테이프를 부착한 맥주 용기에 관한 아이디어는 영업비밀이라고 볼 수 없다
   ⓔ 2년여의 기간 동안에 시행착오를 겪으면서 많은 실험과 평가과정의 반복을 통하여 이 사건 기술정보인 도금조건을 선정하는 등 그 선정에 상당한 노력, 비용과 시간을 들인 경우 독립된 경제적 가치를 인정한다

5. 판례의 입장과 다른 것을 고르시오.
   ⓐ 채권자가 수년에 걸쳐 인원과 자금을 투입하여 시행착오 끝에 만들어 냈을 뿐만 아니라 이를 이용하여 제작한 권선기의 권선을 감는 속도가 국내는 물론이고 외국회사의 권선기에 비하여도 월등히 빠른 등 독립된 경제적 가치를 가지고 있다
   ⓑ 기술정보는 원고 회사의 영업에 있어 핵심적 요소로서 원고 회사는 그 개발을 위하여 오랜 시간동안 막대한 비용과 노력을 들여 기술이전과 개발을 하였을 뿐만 아니라, 이와 같은 정보의 보유로 인하여 경쟁업체와 경쟁관계에 있어 유용하게 활용할 수 있으므로 독립된 경제적가치로서 경제적 유용성이 있다
   ⓒ 2년여의 기간 동안에 시행착오를 겪으면서 많은 실험과 평가과정의 반복을 통하여 이 사건 기술정보인 도금조건을 선정하는 등 그 선정에 상당한 노력, 비용과 시간을 들인 것으로서 독립된경제적 가치도 가지고 있다
   ⓓ 소극적인 정보, 즉 장기간에 많은 비용이 소요된 연구 및 실험결과를 통하여 어떤 공정이 유용하지 않다는 정보 역시 실패를 반복하지 않고, 그실험을 생략하여 연구개발비를 절약하는 등으로 사업활동의 효율을 높일 수 있으므로 영업비밀에 해당한다
   ⓔ 영업비밀의 보유자인 회사가 직원들에게 비밀유지의 의무를 부과하는 등 기술정보를 엄격하게 관리하더라도, 역설계가 가능하고 그에 의하여 기술정보의 획득이 가능하다면 그 기술정보는 영업비밀로 볼 수 없다

담당자용
Module Quiz

6. 판례의 입장과 다른 것을 고르시오.

ⓐ '상당한 노력에 의하여 비밀로 유지된다'는 것은 그 정보가 비밀이라고 인식될 수 있는 표시를 하거나 고지를 하고, 그 정보에 접근할 수 있는 대상자나 접근 방법을 제한하거나 그 정보에 접근한 자에게 비밀준수의무를 부과하는 등 객관적으로 그 정보가 비밀로 유지·관리되고 있다는 사실이 인식 가능한 상태인 것을 말한다

ⓑ 상당한 노력을 판단할 때 객관적으로 그 정보가 비밀로 유지·관리되고 있으며 또 제3자가 그 비공지성을 객관적으로 인식할 수 있다는 사실보다는 사업자가 어떤 정보를 비밀로 생각하고 관리하려는 의지가 더욱 중요하다

ⓒ 비교적 규모가 작은 중소기업이라 하더라도 서약서를 받는 외에 핵심기술을 문서화하여 그 접근을 제한하건, 연구소에 관계자 외에는 출입하지 못하도록 하는 등 기술정보를 엄격하게 관리하였다는 사정이 보이지 않고, 오히려 연구실 관계자들에게 연구결과 등이 모두 공개되고 별다른 접근제한조치가 없었던 것으로 보아 기술정보가 객관적으로 영업비밀로 유지·관리되어 왔다고 보기 어렵다

ⓓ 직원들이 취득사용한 회사의 업무 관련 파일이 보관책임자가 지정되거나 보안장치보안관리규정이 없었고 중요도에 따른 분류 또는 대외비기밀자료 등의 표시도 없이 파일서버에 저장되어 회사 내에서 일반적으로 자유롭게 접근열람복사할 수 있었던 사안에서, 이는 상당한 노력에 의하여 비밀로 유지된 정보라고 볼 수 없다

ⓔ '무단복제 및 전제금지', '이 문서에 대한 모든 책임은 출력자에게 있습니다', '社外秘(confidential)' 등을 기재한 것만으로는 부족하고, 오히려 위 기술 정보에 관한 문서나 설계도면 등을 개발자들의 책꽂이에 바인더로 꽂아 놓고 회사 밖으로도 가지고 나갈 수 있도록 한 사실을 인정하면서 비밀을 관리하지 않은 것으로 판단하였다

정답)
4. ⓑ 일반적으로 알려져 있으면 영업비밀로 성립하지 않음
5. ⓔ 역설계가 가능하다는 사실만으로는 영업비밀로 보는데 지장이 없음
6. ⓑ 주관적 의사보다 객관적 사실이 중요

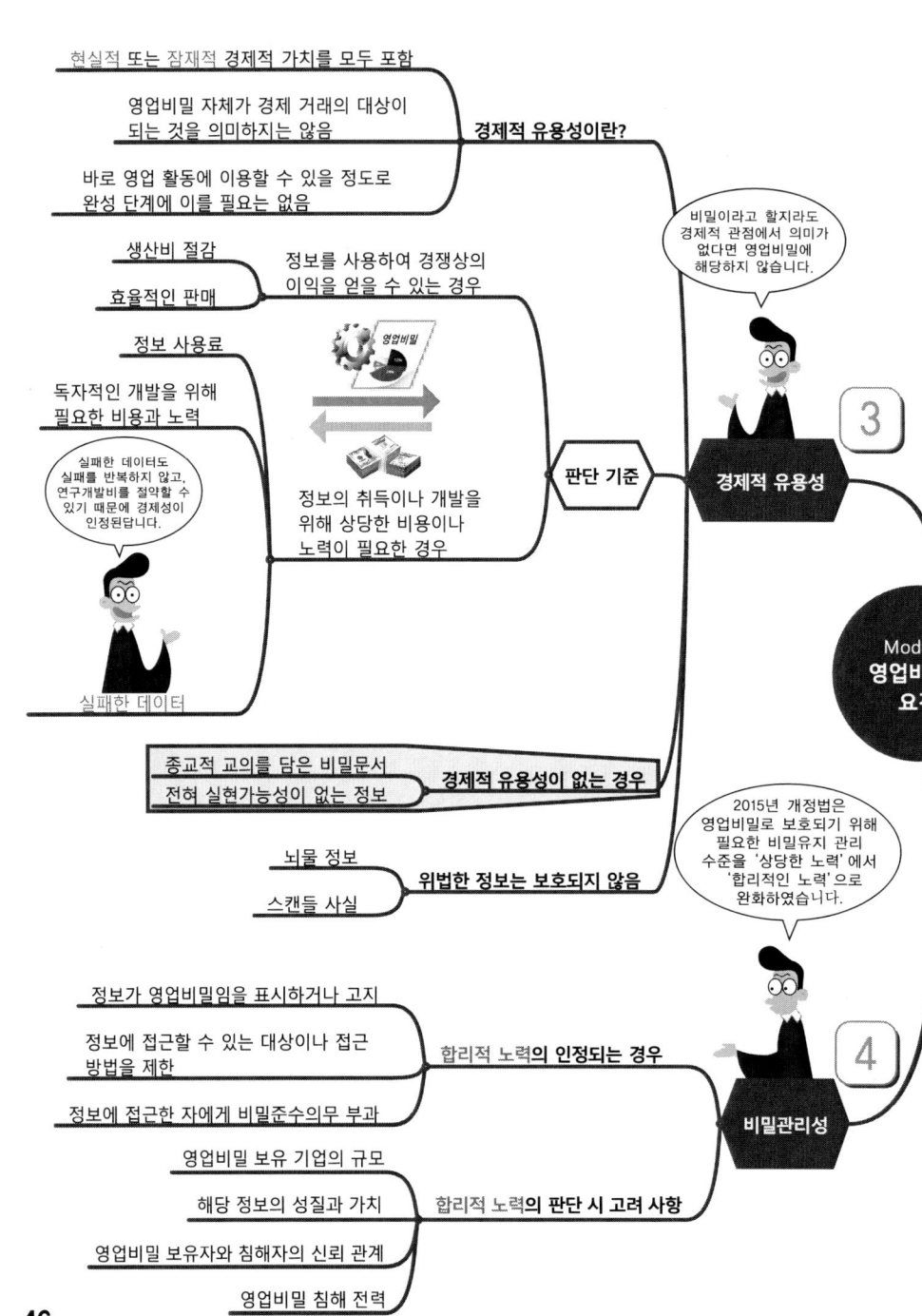

Key point

마인드맵으로 학습내용을 요점정리 하세요.

1. 세 가지 성립요건

우리나라 영업비밀보호법은 영업비밀을 공공연히 알려져 있지 않고 독립된 경제적 가치를 가지는 것으로서 합리적인 노력에 의하여 비밀로 유지된 생산방법, 판매방법, 그 밖에 영업활동에 유용한 기술상 또는 경영상의 정보로 정의합니다.

영업비밀
- 비공지성
- 경제적 유용성
- 비밀관리성

- 공연히 알려져 있지 않은
- 경제적 유용성이 있는
- 합리적인 노력에 의하여 비밀로 유지

2. 비공지성

어떤 정보가 영업비밀로서 보호받기 위해서는 그 기술이 공연히 알려져 있지 않아야 합니다.

공연히 알려져 있지 않은 상태
'공연히 알려져 있지 않은' 상태란 불특정 다수가 그 정보를 알고 있거나 알 수 있는 상태에 있지 않은 것을 의미합니다.

- 정보의 내용이 공개된 간행물 등에 게재되지 않고 비밀상태인 것
- 정보가 비밀상태(비공지)에 있기 때문에 경제적 이익과 시장에서 경쟁상의 우위를 가질 수 있는 상태

비공지성이 인정되지 않는 경우
- 해당 산업 내에서 공연히 알려져 있는 경우
- 누구나 제한 없이 입수할 수 있는 경우

영업비밀은 상대적 비밀
- 일정한 범위를 한정하여 비밀이 유지되면 됨

인정되는 경우
- 비밀을 지킬 의무가 있는 사람들로 제한 상태가 유지되고 있는 경우
- 다른 사람들이 정보의 대체적인 윤곽을 알고 있더라도 구체적인 상세 정보를 갖지 못한 경우
- 조합 방법이 외부에 알려져 있지 않은 경우

입증 책임
영업비밀 보유자

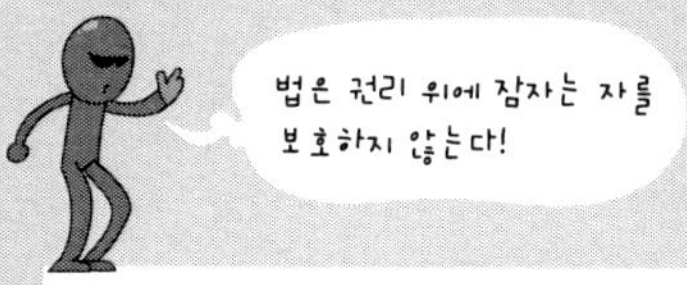

영업비밀 침해행위 유형

『영업비밀 침해행위의 유형과 선의자 특례 조항』

Module 3

Module 3 영업비밀 침해행위 유형

1. 영업비밀 침해 형태의 두가지 유형
2. 부정취득행위
3. 부정취득자로부터의 악의취득행위
4. 부정취득행위에 관한 사후적 관여행위
5. 부정공개행위(비밀유지의무위반행위)
6. 부정공개자로부터의 악의취득행위
7. 부정공개행위에 관한 사후적 관여행위
8. 선의자특례

 만화와 질문을 통해 학습 주제에 대하여 생각해 보세요.

 질문에 대한 답은 본문의 핵심정리를 참고해 주세요~

1. 영업비밀보호법 제2조 제3호에서 규정하는 여섯 가지 영업비밀 침해행위 유형을 크게 두 가지로 나누면?

2. 영업비밀의 일부만을 알 수 있게 한 경우도 부정공개행위가 성립할까?

3. 부정취득자로부터의 악의취득행위와 사후적 관여 행위의 차이점은?

4. 영업비밀 침해행위에 관한 선의자 특례의 보호 범위는?

영업비밀의 침해행위 유형

부정취득행위

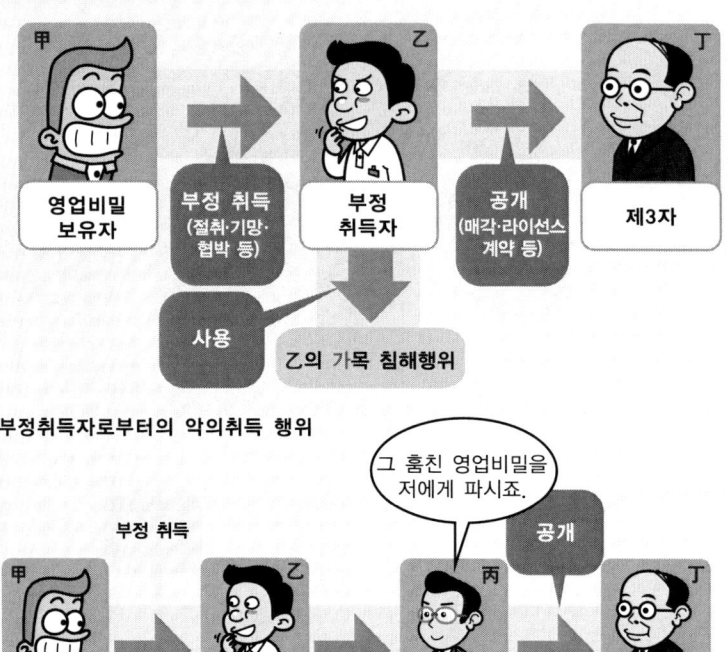

부정취득자로부터의 악의취득 행위

부정취득행위에 관한 사후적 관여행위

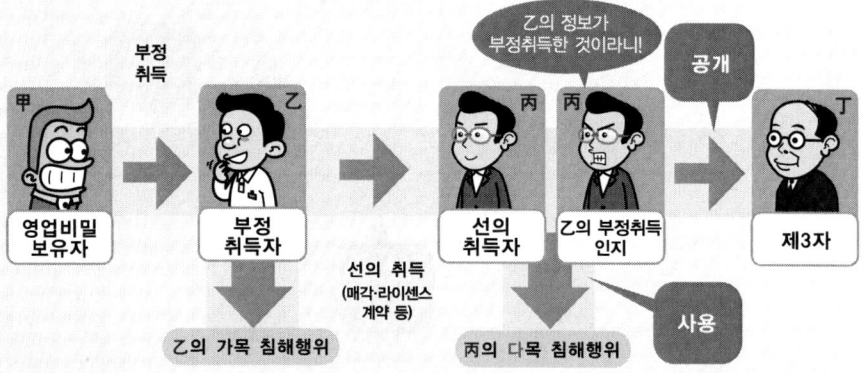

Infographic

부정공개행위(비밀유지 의무 위반행위)

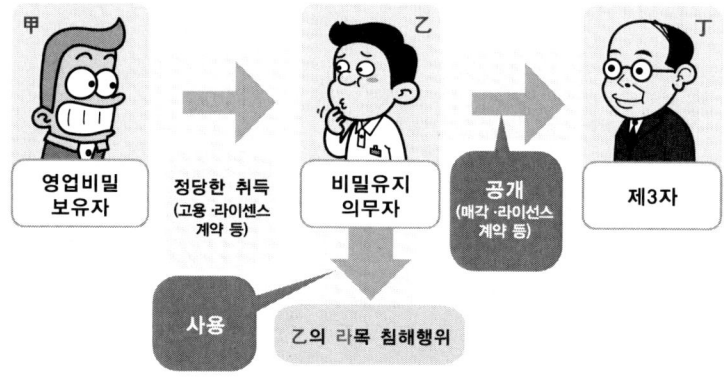

부정공개자로부터의 악의취득행위

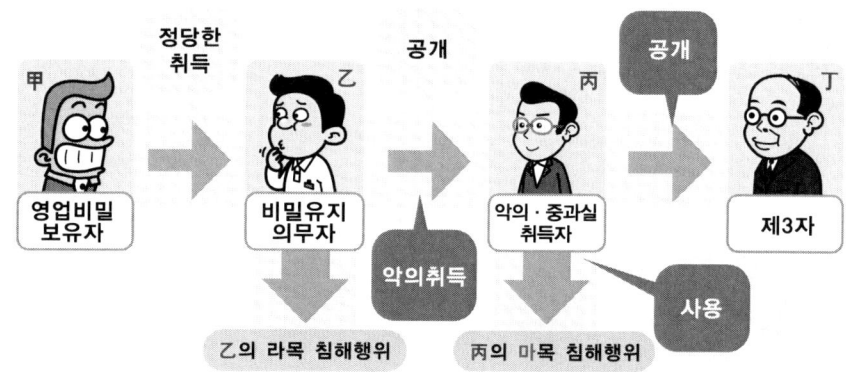

부정공개행위에 관한 사후적 관여행위

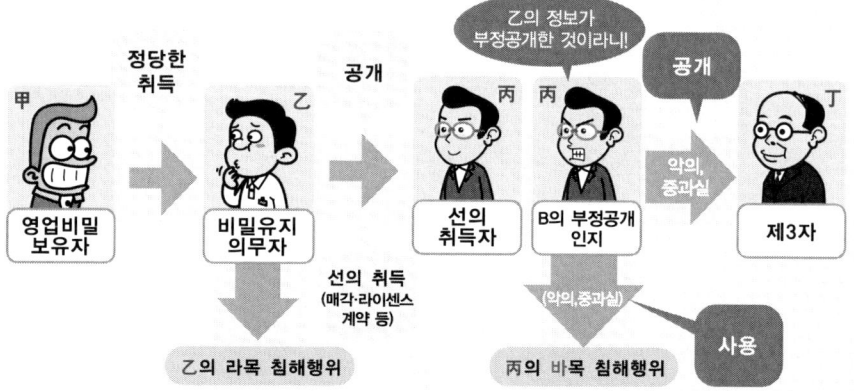

Module 3-1 영업비밀 침해 형태의 두가지 유형

핵심 정리

영업비밀보호법 제2조 제3호는 6가지 유형의 영업비밀 침해행위를 규정하고 있다. 이 6가지 침해 유형은 부정취득과 관련된 것과 비밀유지 의무자의 부정공개와 관련된 것 두 가지로 나눌 수 있다.

— 정보를 부정한 방법으로 취득한 경우 : 부정취득과 관련한 침해행위 —

부정취득행위

甲 영업비밀 보유자 → 부정 취득 (절취·기망·협박 등) → 乙 부정 취득자 → 공개 (매각·라이선스 계약 등) → 丁 제3자

사용
乙의 가목 침해행위

부정취득과 관련한 침해행위는 (가)목의 절도 등 부정한 수단으로 영업비밀을 취득·사용·공개하는 행위를 기본으로, 두 가지 추가 유형인 (나)목의 위의 부정취득 사실을 알면서 영업비밀을 취득하여 사용·공개하는 행위, (다)목의 취득 당시에는 몰랐으나 사후에 부정취득 사실을 알게 된 사후적 관여행위로 구성되어 있습니다.

부정취득자로부터의 악의취득 행위

甲 영업비밀 보유자 → 부정 취득 → 乙 부정 취득자 → 악의 취득 → 丙 악의·중과실 취득자 → 공개 → 丁 제3자

그 훔친영업비밀을 저에게 파시죠.

사용

乙의 가목 침해행위   丙의 나목 침해행위

부정취득행위에 관한 사후적 관여행위

甲 영업비밀 보유자 → 부정 취득 → 乙 부정 취득자 → 선의 취득 (매각·라이선스 계약 등) → 丙 선의 취득자 → 丙 乙의 부정취득 인지 → 공개 → 丁 제3자

乙의 정보가 부정취득한 것이라니!

사용

乙의 가목 침해행위   丙의 다목 침해행위

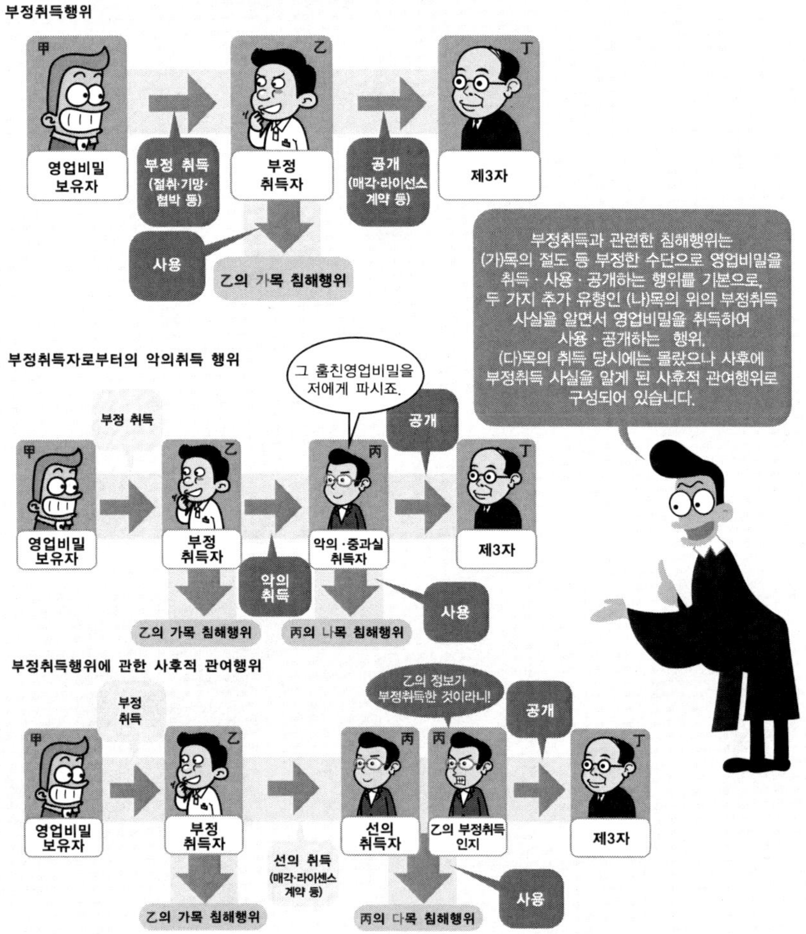

Module 3-2 부정취득행위

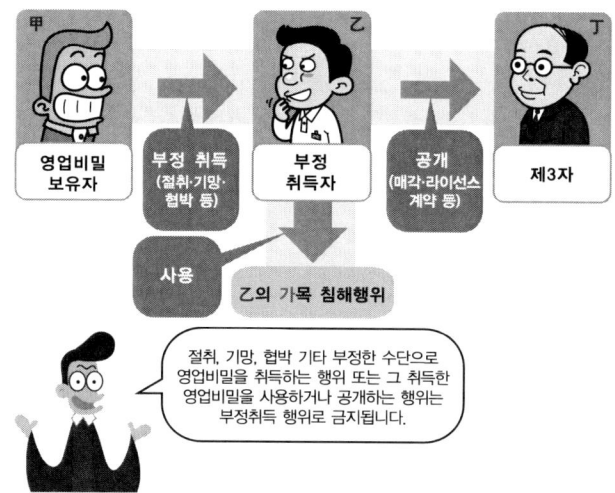

절취, 기망, 협박 기타 부정한 수단으로 영업비밀을 취득하는 행위 또는 그 취득한 영업비밀을 사용하거나 공개하는 행위는 영업비밀 침해행위에 해당한다[1]. 즉, 비밀로 관리되고 있는 영업비밀을 취득하는 과정에 절취, 기망 등의 불법한 행위가 개입한 경우에는 이를 영업비밀 침해행위로 보고 있다.

영업비밀보호법상의 부정취득행위는 정당한 수단으로 영업비밀을 입수할 지위에 있지 않은 자가 위법한 수단을 사용하여 영업비밀을 취득하는 행위뿐만 아니라 취득한 그 정보를 스스로 사용하여 경쟁상의 이득을 얻거나 특정한 타인 또는 불특정 다수인에게 그 비밀을 전득, 공개하는 행위까지 포함한다.

행위 유형

1. 취득행위

부정취득행위 있어서 절취, 기망이나 협박은 부정수단의 예시에 불과하며, 그 밖에 부정한 수단에는 강도, 폭행, 주거침입, 횡령, 배임, 장물에 관한 죄 등 형법 법규에 해당하는 행위뿐만 아니라 사회통념상 이와 동등한 위법성을 가진다고 판단되는 사회질서 위반행위(도청, 매수, 위장취업, 미인계 등)도 포함된다고 해석된다.

---

[1] 영업비밀보호법 제2조 제3호 가목 : 절취·기망·협박 기타 부정한 수단으로 영업비밀을 취득하는 행위 또는 그 취득한 영업비밀을 사용하거나 공개(비밀을 유지하면서 특정인에게 알리는 것을 포함한다)하는 행위.

영업비밀을 부정취득하는 것만으로 처벌대상이 됩니다. 즉, 부정한 취득행위 이후에 별도의 사용·공개 행위를 요구하지 않고, 부정취득행위만으로도 독립된 불법행위가 된답니다.

- 취득행위의 유형 -

- 영업비밀 그 자체인 유체물(비밀의 촉매나 신제품 등)이나 영업비밀이 기재된 유체물(설계도나 고객명부 등)을 절취하거나 사기, 협박 기타의 부정한 수단에 의해 취득하는 행위.
- 영업비밀의 매체물이 보관되어 있는 장소에 무단으로 침입하거나 영업비밀의 매체물을 보관하고 있는 책상, 금고, 봉투, 플로피 디스크 등을 무단으로 개봉하거나 사용하여 안에 들어있는 영업비밀을 기억하거나 복제하는 행위.
- 영업비밀을 기억하는 사람으로부터 사기, 협박, 도청 등의 수단에 의해 영업비밀을 취득하는 행위.

판례는 부정취득행위에서 '부정한 수단'을 비밀유지의무를 위반하거나 이를 유인하는 행위처럼 건전한 거래질서 유지와 공정한 경쟁 이념에 비추어 선량한 풍속 기타 사회질서에 반하는 일체의 행위나 수단을 말한다고 판단하였다.

- 취득행위의 예 -

- 경쟁업체의 직원을 스카우트 하는 행위[2].
  경쟁업체의 직원에 대한 스카우트가 단순한 노동력의 확보나 그 직원의 일반적인 지식, 기술, 경험 등을 이용하기 위한 경우 영업비밀 침해행위로 볼 수 없지만, 경쟁업체의 영업비밀을 탐지하기 위한 목적으로 높은 직위나 고액 급여에 의한 매수 등 부정한 수단에 의한 스카우트는 영업비밀 침해행위가 되며, 전직한 직원 역시 전 회사와의 계약관계나 부정한 목적의 유무 등에 따라 민·형사 처벌을 받을 수 있다.
- 회사의 생산시설에 잠입하여 영업비밀을 탐지한 제3자의 행위.
  전형적인 산업스파이 행위로서 본 목의 침해행위에 해당되며, 이와 함께 형법상의 주거침입 내지는 절도죄 등도 성립할 수 있다.

---

[2] 영업비밀의 '취득'은 문서, 도면, 사진, 녹음테이프, 필름, 전산정보처리조직에 의하여 처리할 수 있는 형태로 작성된 파일 등 유체물의 점유를 취득하는 형태로 이루어질 수도 있고, 유체물의 점유를 취득함이 없이 영업비밀 자체를 직접 인식하고 기억하는 형태로 이루어질 수도 있고, 또한 영업비밀을 알고 있는 사람을 고용하는 형태로 이루어질 수도 있는바, 어느 경우에나 사회통념상 영업비밀을 자신의 것으로 만들어 이를 사용할 수 있는 상태가 되었다면 영업비밀을 취득하였다고 보아야 하므로, 회사가 다른 업체의 영업비밀에 해당하는 기술정보를 습득한 자를 스카우트하였다면 특별한 사정이 없는 한 그 회사는 그 영업비밀을 취득하였다고 보아야 한다(대법원 98다1928 판결).

2. 사용행위

사용행위란 영업비밀을 그 고유의 용도 내지 사용목적에 따라 활용하는 행위를 말한다[3]. 다만 취득자로부터 비밀을 전득한 자의 사용은 (나)목 또는 (다)목 소정의 구성요건에 해당하기 때문에 (가)목의 사용은 부정한 사용수단으로 영업비밀을 취득한 자 자신이 그 비밀을 이용하는 때에 한한다.

3. 공개행위

공개행위란 영업비밀을 불특정인에게 공공연히 알리거나 또는 그 비공지성을 유지하면서 특정인에게 매각하거나 알려주는 것을 말한다[4].

핵심 정리
영업비밀의 부정공개행위를 금지하는 목적은 통상적으로 입수할 수 없는 비밀, 지식 등을 제3자가 입수하는 것을 금지하는 데 있으므로 영업비밀 전부는 물론이고 그 일부만을 알 수 있게 한 경우도 부정공개행위에 해당한다.

다만, 영업비밀을 공개한 상대방이 이미 그 영업비밀을 알고 있는 경우에도 부정한 공개행위에 해당하는가에 대해서는 의견이 나누어지는데, 판례는 영업비밀에 대해서 상대방이 알고 있다 하더라도 공개행위에 해당한다고 판단하였다(2005노257 판결).

---

[3] 영업비밀의 '사용'은 영업비밀 본래의 사용 목적에 따라 이를 상품의 생산·판매 등의 영업활동에 이용하거나 연구·개발사업 등에 활용하는 등으로 기업활동에 직접 또는 간접적으로 사용하는 행위로서 구체적으로 특정이 가능한 행위를 가리킨다고 할 수 있다(대법원 98다1928 판결).
[4] 예를 들어 절취한 대량주문서 등을 산업스파이에게 인도하는 행위나 절취한 공사견적서 등의 기밀서류를 경쟁회사의 종업원에게 판매하는 행위 등이 있다.

Module 3-3 부정취득자로부터의 악의취득행위

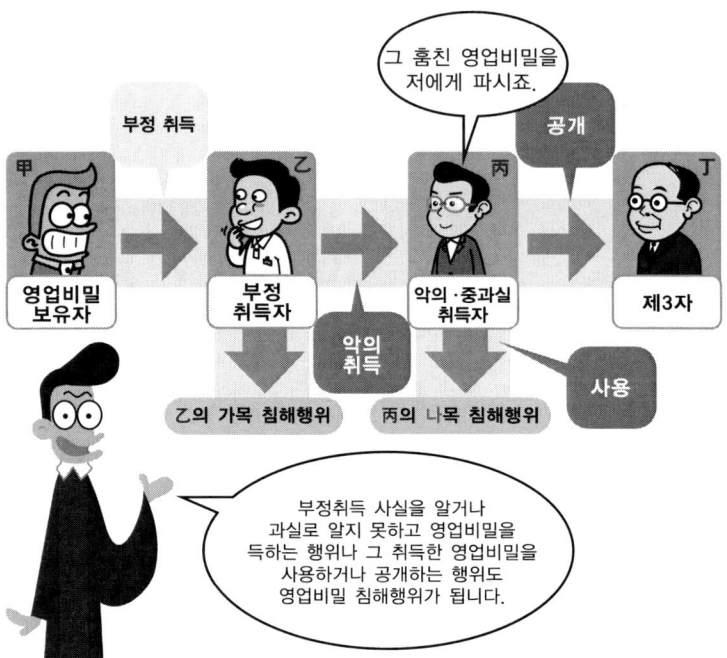

영업비밀에 대하여 부정취득행위가 개입된 사실을 알거나 중대한 과실로 알지 못하고 그 영업비밀을 취득하는 행위 또는 그 취득한 영업비밀을 사용하거나 공개하는 행위도 영업비밀 침해행위에 해당한다.

이는 (가)목의 영업비밀 부정취득행위 후, 당해 영업비밀의 유통과정에서 악의 또는 중과실로 당해 영업비밀을 전득하는 행위를 금지하려는 규정으로, 부정취득자로부터 직접 취득한 자(전득자)뿐만 아니라 전득자로부터 영업비밀을 취득한 경우에도 부정취득행위가 개입된 사실을 안 경우에는 본 규정의 적용대상이 된다.

행위 유형

영업비밀에 관하여 부정취득행위가 개입된 사실을 알거나 중대한 과실[5]로 알지 못하고 그 영업비밀을 취득하는 행위 또는 그 취득한 영업비밀을 사용하거나 공개하는 행위는 영업비밀 침해행위가 된다. 이는 (가)목의 부정취득행위를 전제로 당해 영업비밀의 유통과정에서 부정취득이 개입된 사실에 관하여 알고 있거나 중과실로 알지 못한 상태에서 이를 전득하는 경우를 금하고 있는 것으로 (가)목의 부정취득행위를 본범이라면 (나)목은 장물범적 위치에 있다 할 수 있다.

적용 요건

1. 악의 취득자가 영업비밀을 취득하는 수단 그 자체는 정당한 것일 것.

(나)목의 영업비밀 침해행위는 취득자가 앞선 부정취득자로부터 영업비밀을 취득하는 수단 그 자체는 정당한 것에 한한다. 따라서 영업비밀의 부정취득자로부터 다시 이를 부정한 수단으로 취득할 경우에는 원래의 보유자에 대한 부정취득행위인 (가)목 소정의 침해행위가 된다.

2. 영업비밀에 관하여 부정취득행위가 개입된 사실을 알거나 중대한 과실로 알지 못했을 것.

부정취득행위가 개입된 사실이란, 영업비밀이 정당한 보유자로부터 자신의 앞선 자에게 이르는 영업비밀의 유통과정 중에 부정한 수단에 의한 취득이 개입된 것을 의미한다. 따라서 여기서 부정취득은 취득자의 직전 보유자의 부정취득행위는 물론, 그보다 앞선 영업비밀 거래단계의 부정취득까지 모두 포함한다.

---

5) 중대한 과실이란?
① 민법상 : 선량한 관리자의 주의를 현저하게 기울이지 않은 경우. 주의의무 위반의 정도가 일반인의 상식으로는 이해할 수 없을 정도로 큰 경우.
② 형법상 : 주의의 태만(부주의)의 정도가 심한 경우. 즉 요구되는 주의에 대하여 행위자의 주의가 현저하게 결여되어 있는 경우

Module 3-4 부정취득행위에 관한 사후적 관여행위

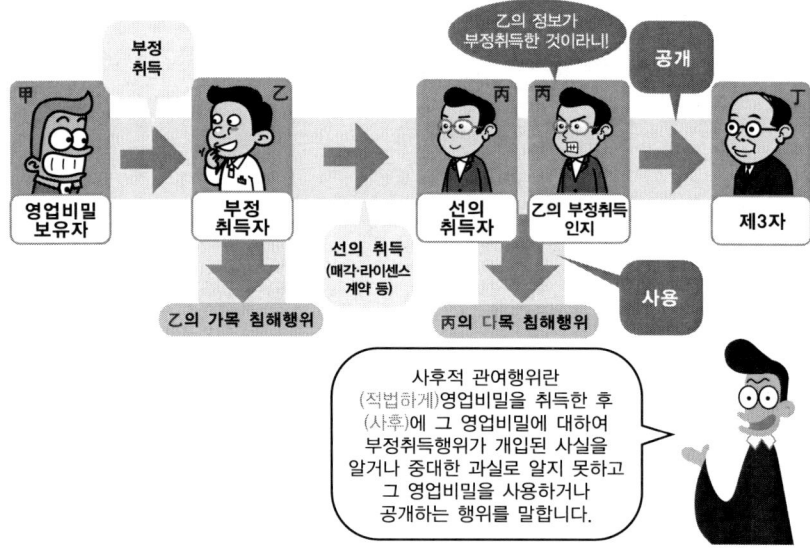

영업비밀을 취득한 후에 그 영업비밀에 대하여 부정취득행위가 개입된 사실을 알거나 중대한 과실로 알지 못하고 그 영업비밀을 사용하거나 공개하는 행위는 영업비밀 침해 행위가 된다[6].

핵심 정리
(다)목은 (나)목과 같이 (가)목의 부정취득자로부터의 영업비밀을 취득한 자에 대한 규정이나, 정당한 취득 후에 부정취득행위 개입사실을 알게 되었다는 점에서 (나)목과 구별된다.

즉, (다)목의 규정은 당해 영업비밀을 취득할 때에는 선의·무중과실이었으나 이후 개입 사실을 알게 되거나 중대한 과실로 알지 못한 자의 영업비밀의 사용·공개 행위를 제한하는 것이다.

---

6) 영업비밀보호법 제2조 제3호 디목 : 엄업비밀을 취득한 후에 그 영업비밀에 대하여 부정취득행위가 개입된 사실을 알거나 중대한 과실로 알지 못하고 그 영업비밀을 사용하거나 공개하는 행위.

행위 유형

본목의 행위는 (가)목이나 (나)목과 달리 영업비밀을 정당하게 취득한 후의 행위이므로 당연히 영업비밀의 사용과 공개행위만이 영업비밀의 침해행위가 되며 취득행위에 대해서는 규정하고 있지 않다.

적용 요건

취득 당시에는 부정취득의 개입 여부에 관해 선의, 무중과실이었던 자가 영업비밀의 보유자로부터 경고 또는 통보를 받거나 금지청구의 소장을 송달 받게 되면 사후적 악의자가 된다. 그리고 보유자 등으로부터 경고나 소장의 송달을 받지 못했더라도 약간의 주의로 부정취득이 개입되었음을 알 수 있었던 경우에도 사후적 중과실이 인정된다.

― 정보를 부정한 방법으로 공개한 경우 : 부정공개와 관련한 침해 행위 ―

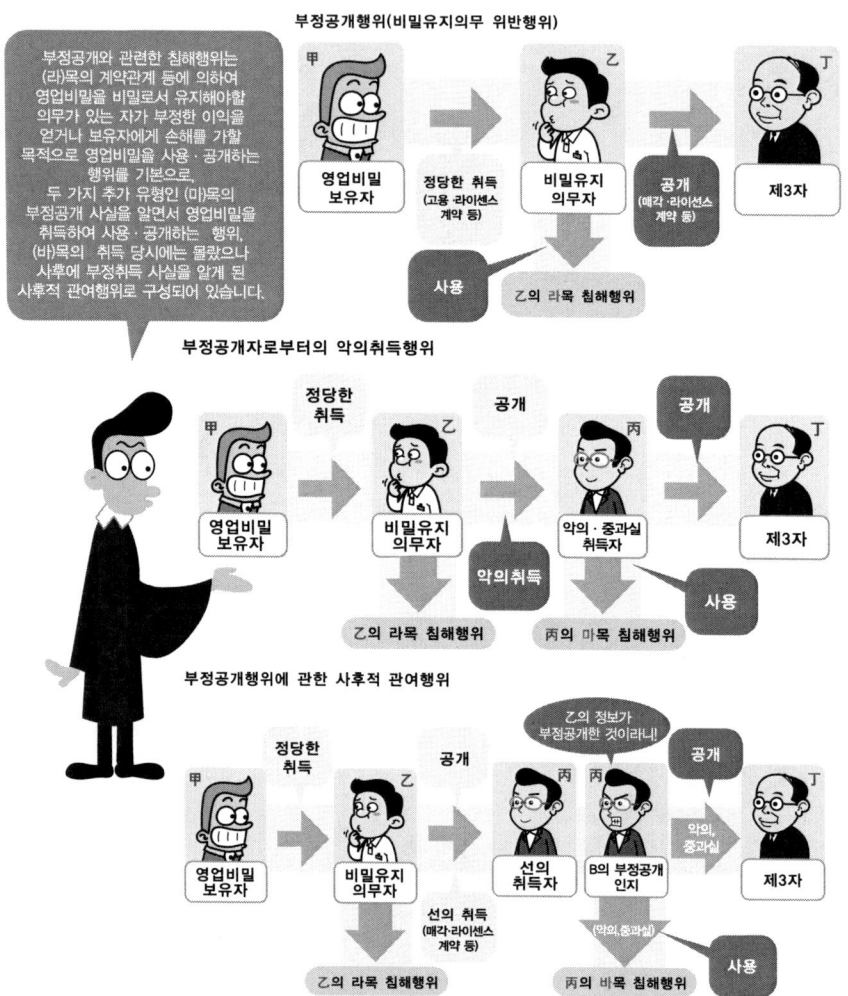

Module 3-5 부정공개행위 (비밀유지의무 위반행위)

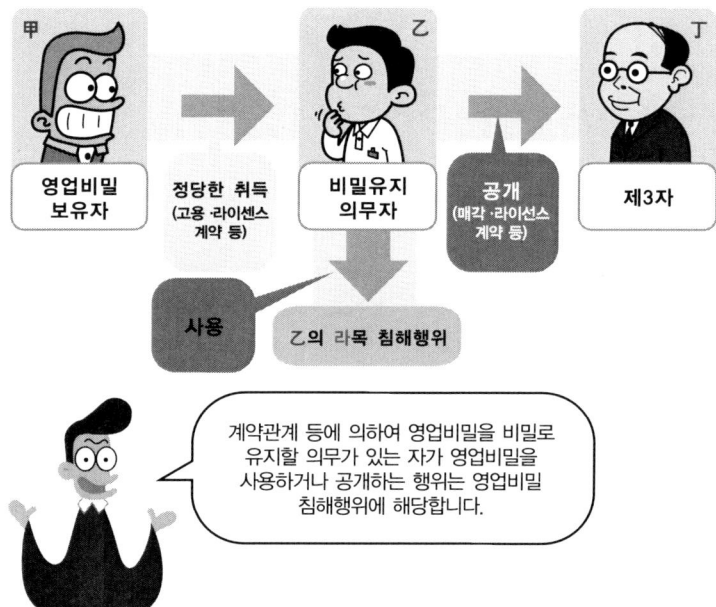

계약관계 등에 의하여 영업비밀을 비밀로 유지할 의무가 있는 자가 부정한 이익을 얻거나 영업비밀의 보유자에게 손해를 가할 목적으로 영업비밀을 사용하거나 공개하는 행위는 영업비밀 침해행위에 해당한다(영업비밀보호법 제2조 제3호 라목).

부정공개행위란?

본 규정은 영업비밀의 정당한 보유자로부터 정당하게 영업비밀을 취득한 자가 영업비밀유지의무를 부담하고 있음에도 불구하고 부정한 목적을 가지고 위 의무에 위반하여 당해 정보를 사용 또는 공개하는 행위를 규제하고 있는 것이다.

적용 요건

(라)목의 영업비밀 침해행위에 해당하기 위해서는 다음 세 가지 요건이 필요하다.

1. 계약관계등에 의하여 영업비밀을 비밀로서 유지하여야 할 의무가 있는 자

부정공개자가 비밀유지의무를 부담하는 근거를 '계약관계 등'으로 표현하고 이는데, 이는 법률상의 관계뿐만 아니라 보호가치가 인정되는 사실상의 신뢰관계까지 포함하는 것이다[7].

2. 부정한 이익을 얻거나 그 영업비밀의 보유자에게 손해를 가할 목적

부정한 이익을 얻는다 함은 비밀유지의무를 위반하여 이익을 얻는 행위로 비밀유지의무 위반자가 이익을 얻는 경우뿐만 아니라 제3자가 이익을 얻도록 하는 경우도 포함한다.

그리고 '손해를 가할 목적으로'란 영업비밀보유자의 실제 손해발생 여부와 관계없이 손해를 입힐 의도로 영업비밀을 사용하거나 공개하는 행위를 뜻한다.

판례는 부정한 이익을 얻거나 손해를 입힐 목적을 구분하기 보다는 일괄적으로 판단하고 있다. 즉, 종전보다 높은 보수나 기술 제공에 따른 대가를 약정한 행위에 대하여는 부정한 이익을 얻을 목적을, 영업비밀의 제공으로 인한 경쟁사의 경쟁력 강화 및 이에 따른 이익감소분의 발생을 예상할 수 있는 경우에는 손해를 입힐 목적이 있다고 인정한다(98노2124 판결).

부정 목적이 아닌 순수한 학술목적에 기한 사용·공개의 경우는 영업비밀 침해행위가 되지 않는다. 다만, 고용계약상 종업원의 비밀준수 의무가 명기되었거나 영업비밀 준수 서약을 했다면 침해행위가 구성될 수 있고 영업비밀은 일단 공개되면 비밀로서 가치가 없어지고 기업의 경제적 손실이 초래될 수 있으므로 학술적인 목적이라도 기업체의 사전 승인이 필요하다.

3. 영업비밀을 사용하거나 공개하는 행위

사용행위란 영업비밀을 그 고유의 용도나 사용 목적에 따라 활용하는 행위를 말한다.

공개행위란 부정취득한 영업비밀을 제3자에게 매각하거나 라이선스 계약 등의 방법으로 공개하는 행위를 뜻하는데 여기서 '공개'의 개념에는 불특정 다수인에게 일반적으로 알리는 행위뿐만 아니라 비밀을 유지하면서 소수의 특정인에게 알리는 행위까지 포함한다는 입장도 있다[8].

---

[7] '계약관계 등에 의하여 영업비밀을 비밀로서 유지할 의무'라 함은 계약관계 존속 중은 물론 종료 후라도 또한 반드시 명시적으로 계약에 의하여 비밀유지의무를 부담하기로 약정한 경우뿐만 아니라 인적 신뢰관계의 특성 등에 비추어 신의칙상 또는 묵시적으로 그러한 의무를 부담하기로 약정하였다고 보아야 할 경우를 포함한다(대법원 96다16605 판결).

[8] 피고인들은 피해회사로부터 퇴직하여 별도의 A법인을 설립하고 피해회사로부터 취득한 영업비밀을 A법인의 직원들에게 공개하여 위 영업비밀을 사용하여 방향제를 생산하였는바, 식원들이 이미 위 영업비밀에 대하여 알고 있었다고 하더라도 위 영업비밀의 보유자인 피해회사와는 다른 법인격이며 동종의 업체인 A 및 A의 직원들은 영업비밀에 대하여 비밀로 유지하여야 할 제3자에 해당한다(인천지방법원 22005노257 판결).

Module 3-6 부정공개자로부터의 악의취득행위

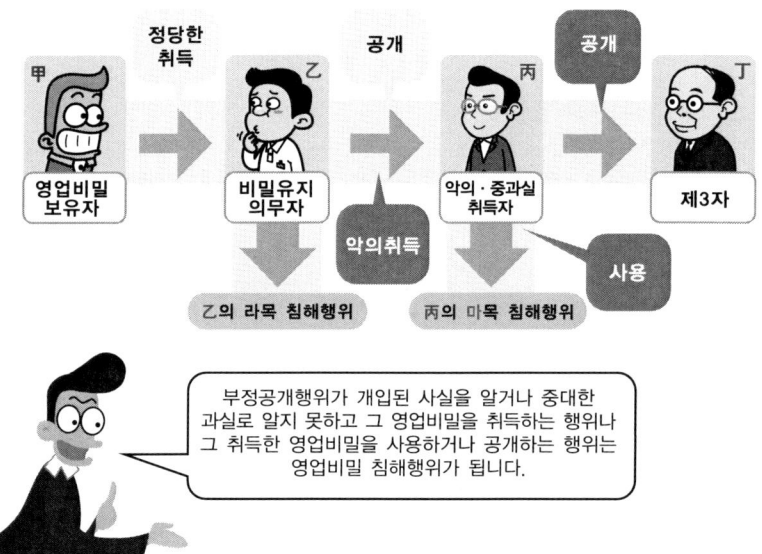

부정공개행위가 개입된 사실을 알거나 중대한 과실로 알지 못하고 그 영업비밀을 취득하는 행위나 그 취득한 영업비밀을 사용하거나 공개하는 행위는 영업비밀 침해행위가 됩니다.

부정공개자로부터의 악의취득행위란?

영업비밀이 (라)목의 규정에 의하여 공개된 사실 또는 그러한 공개행위가 개입된 사실을 알거나 중대한 과실로 알지 못하고 그 영업비밀을 취득하는 행위 또는 그 취득한 영업비밀을 사용하거나 공개하는 행위는 영업비밀 침해가 된다(영업비밀보호법 제2조 제3호 마목).

본 목은 (라)목의 부정공개행위가 개입되어 있는 사실을 인식하거나 또는 인식하지 못한 데 중대한 과실이 있으면서 영업비밀을 취득한다는 이중의 주관적 요건을 가진다. 따라서 (마)목에 의거하여 금지청구를 하는 자는 부정공개행위 개입사실을 인식했다는, 또는 인식하지 못한 데 과실이 있다는 사실과 영업비밀을 취득했다는 두 가지 사실을 입증하여야 한다[9].

---

9) 신청인 회사에서 마그네슘 금형제작 기술 개발을 돕던 피신청인 직원 C씨는 1993년 1월초 회사를 그만 둔 후, 신청인이 독자개발한 합성수지 레이스 제조용 마그네슘 금형을 93년 4월부터 제작하여 피신청인 U씨외 2인에게 납품하여 왔고, 피신청인 U씨외 2인은 피신청인 C씨와 신청인과의 관계를 알면서도 C씨로부터 동 영업비밀을 제공받아 합성수지 레이스를 다량으로 제조·판매한 행위는 부정경쟁방지법 제2조 제3호 (마)목 소정의 영업비밀침해행위에 해당된다(서울지법 남부지원 93카합1656 결정).

적용 요건

　(마)목은 부정공개행위가 개입된 사실을 알거나 중대한 과실로 알지 못하고 영업비밀을 취득, 사용 또는 공개하는 경우에 적용된다. (마)목은 (라)목의 침해자로부터 영업비밀을 직접 취득, 사용, 공개하는 경우 뿐만 아니라 다시 전달받은 자가 취득, 사용, 공개하는 행위에도 적용할 수 있다.

　(마)목의 영업비밀 침해행위 역시 (나)목의 영업비밀 침해행위에서와 같이 자기의 바로 전 영업비밀 보유자로부터의 영업비밀을 취득하는 수단 그 자체는 정당한 것에 한한다. 취득행위가 기망 등의 부정한 수단을 사용하여 행해진 경우에는 (가)목의 부정취득행위에 해당한다.

Module 3-7 부정공개행위에 관한 사후적 관여행위

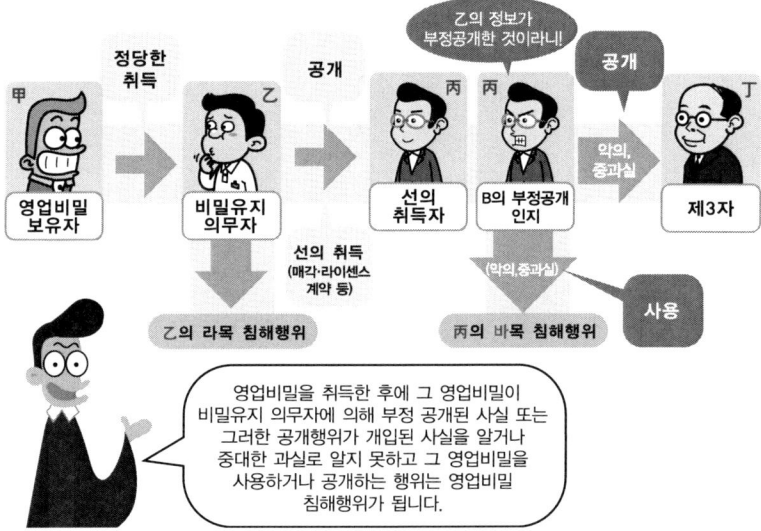

적용 요건

(바)목은 부정공개행위가 개입된 영업비밀인줄 모르고 영업비밀을 정당하게 취득한 후에 부정공개행위가 개입된 사실을 알거나 중대한 과실로 알지 못하고 그 영업비밀을 사용하거나 공개하는 경우 적용된다.

취지

(바)목의 규정 취지는 비밀유지의무자가 부정한 이익을 얻거나 그 영업비밀 보유자에게 손해를 가할 목적으로 공개한 영업비밀에 사후적으로 관여하는 것을 금지하려는 것이다.

Module 3-8 선의자 특례

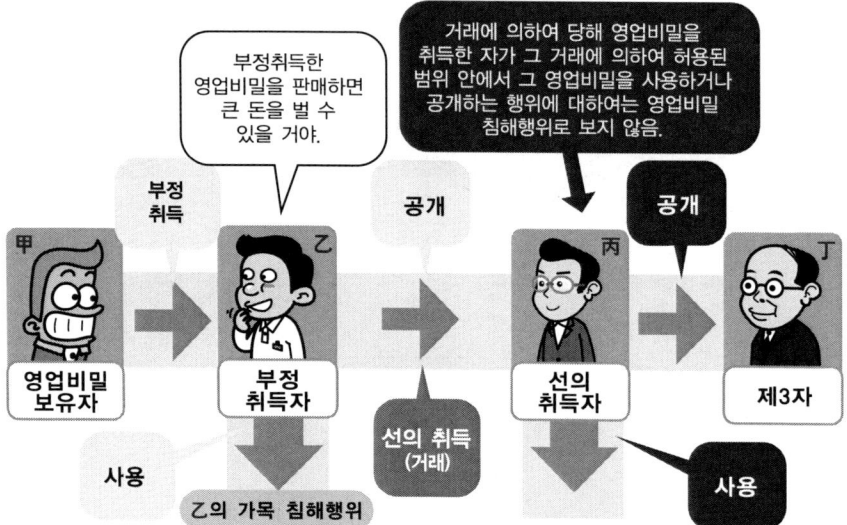

취지 및 효력

거래에 의하여 영업비밀을 정당하게 취득한 자가 그 거래에 의하여 허용된 범위 내에서 그 영업비밀을 사용하거나 공개하는 행위는 영업비밀 침해행위가 되지 않는다. 즉, 영업비밀보호법은 특례 조항을 두어 제2조 제3호 (다)목, (바)목의 범위를 한정하고 있는 것이다.

이에 따라 영업비밀 취득 시에 영업비밀의 부정공개 사실 또는 부정취득행위나 부정공개행위가 개입된 사실을 중대한 과실 없이 알지 못한 채 거래에 의하여 당해 영업비밀을 취득한 자가 거래에 허용된 범위 안에서 영업비밀을 사용하거나 공개하는 행위에 대하여는 금지청구, 손해배상청구, 신용회복조치를 청구할 수 없다[10].

---

10) 영업비밀보호법 제13조(선의자에 관한 특례)
① 거래에 의하여 영업비밀을 정당하게 취득한 자가 그 거래에 의하여 허용된 범위에서 그 영업비밀을 사용하거나 공개하는 행위에 대하여는 제10조부터 제12조까지의 규정을 적용하지 아니한다.
② 제1항에서 "영업비밀을 정당하게 취득한 자"란 제2조제3호다목 또는 바목에서 영업비밀을 취득할 당시에 그 영업비밀이 부정하게 공개된 사실 또는 영업비밀의 부정취득행위나 부정공개행위가 개입된 사실을 중대한 과실 없이 알지 못하고 그 영업비밀을 취득한 자를 말한다.

적용 요건

1. '거래에 의한' 영업비밀 취득의 경우에만 적용

본조의 규정은 '거래에 의한' 영업비밀 취득의 경우에만 적용된다. 여기서 '거래'는 매매는 물론이고 양도계약, 라이선스 계약, 증여계약, 대물변제 등에 의한 경우를 모두 포함하며, 법률상의 전형적인 거래뿐만 아니라 비전형적인 사실상의 거래를 포함한다.

거래에 의한 취득이어야 하기 때문에 상속이나 합병에 의한 취득과 같이 법률의 규정에 의해 취득의 효과가 발생하는 경우에는 적용되지 않는다. 유상거래든 무상거래든 상관 없기 때문에 무상의 증여계약에 의한 취득의 경우에도 본조가 적용된다.

2. 영업비밀을 정당하게 취득한 자

영업비밀을 정당하게 취득한 자라 함은 영업비밀을 취득할 당시에는 그 영업비밀이 부정하게 공개된 사실이나 영업비밀의 부정취득행위나 부정공개행위가 개입된 사실을 알지 못한 자를 말한다. 하지만 중대한 과실로 이러한 사실을 알지 못한 경우는 중과실이 있기 때문에 정당하게 취득한 자에 해당하지 않는다.

이때 선의 또는 중대한 과실이 없다는 사실은 영업비밀의 보유자가 아니라 선의자 특례 적용을 주장하는 제3취득자가 입증하여야 한다.

> 영업비밀을 정당하게 취득한 자란 영업비밀을 취득할 당시에 그 영업비밀이 부정하게 공개된 사실 또는 영업비밀의 부정취득행위나 부정공개 행위가 개입된 사실을 중대한 과실 없이 알지 못하고, 그 영업비밀을 취득한 사람입니다.

보호 범위

핵심 정리
선의자 특례 조항은 거래의 내용에 따라 정당하게 취득한 권리범위 내의 사용 또는 공개행위만 보호한다.

따라서 허용된 범위를 넘어서 부당하게 이익을 꾀하거나 영업비밀 보유자에게 손해를 끼칠 의도를 가지고 영업비밀을 사용하거나 공개하는 행위는 여전히 영업비밀 침해행위가 되어 침해금지 청구의 대상이 된다.

일반용

Module Quiz

1. (가)목의 부정취득행위의 행위유형이 아닌 것은?
 ⓐ 취득행위
 ⓑ 사용행위
 ⓒ 공개행위
 ⓓ 비밀유지 행위

2. 다음 중 (다)목의 부정취득행위에 관한 사후적 관여행위가 아닌 것은?
 ⓐ 영업비밀을 사용
 ⓑ 비공지성을 유지하면서 특정인에게 매각하거나 공개
 ⓒ 영업비밀의 일부만을 공개
 ⓓ 영업비밀을 취득

3. 다음 중 (라)목의 부정공개행위에 관한 설명이 아닌 것은?
 ⓐ 계약관계 등에 의하여 비밀유지의무가 있을 것
 ⓑ 부정한 이익을 얻거나 영업비밀 보유자에게 손해를 가할 목적
 ⓒ 부정한 방법으로 영업비밀을 취득할 것
 ⓓ 행위 유형은 사용 또는 공개행위

정답)
1. ⓓ 부정취득행위의 행위유형은 취득, 사용, 공개행위임
2. ⓓ 영업비밀을 취득한 후의 행위이므로 영업비밀의 사용과 공개행위만 해당됨
3. ⓒ 부정공개행위는 영업비밀을 정당하게 취득한 자가 영업비밀 유지의무를 부담하고 있음에도 불구하고 부정한 목적을 가지고 위 의무에 위반하여 당해 정보를 사용 또는 공개하는 행위를 규제하는 것이므로 취득행위를 요건으로 하지 않음

담당자용

Module Quiz

4. 다음 중 영업비밀 침해행위에 대한 선의자 특례에 관한 설명으로 옳지 않은 것은?
ⓐ 거래에 의하여 영업비밀을 정당하게 취득한 자를 보호하기 위한 규정이다
ⓑ 영업비밀 취득시에 그 영업비밀의 부정공개 사실 또는 부정취득행위나 부정공개행위가 개입된 사실을 중대한 과실 없이 알지 못하고 거래에 의하여 당해 영업비밀을 취득하여야 한다
ⓒ 거래의 내용에 따라 정당하게 취득한 권리의 범위 내의 사용, 공개행위만 보호한다
ⓓ 부경법 제2조 제3호 (다)목의 범위를 확장하는 효력이 있다
ⓔ 허용된 범위를 넘어서 부당하게 이익을 꾀하거나 영업비밀보유자에게 손해를 끼칠 의도를 가지고 영업비밀을 사용하거나 공개하는 행위는 선의자 특례의 적용을 받지 않는다

5. (마)목의 부정공개자로부터의 악의취득행위에서 요구하는 이중의 주관적 요건에 해당하는 항목을 모두 고르시오.
ⓐ 상대방이 부정한 이익을 얻거나 그 영업비밀 보유자에게 손해를 가할 목적으로 영업비밀을 부정공개한다는 사실을 인지
ⓑ 부정한 방법으로 영업비밀을 취득하려는 의도
ⓒ 영업비밀 취득행위에 대한 인지
ⓓ 비밀유지 의무의 존재
ⓔ 취득자 스스로 영업비밀을 사용하려는 의도

정답)
4. ⓓ 부경법 제2조 제3호 (다)목의 범위를 한정하는 효력이 있음
5. ⓐ, ⓒ
(마)목에 의거하여 금지청구등을 하기 위하여는 취득자가 부정한 이익을 얻거나 그 영업비밀 보유자에게 손해를 가할 목적으로 영업비밀을 부정공개한다는 사실을 알면서 영업비밀을 취득한다고 하는 이중의 주관적 요건을 입증하여야 함

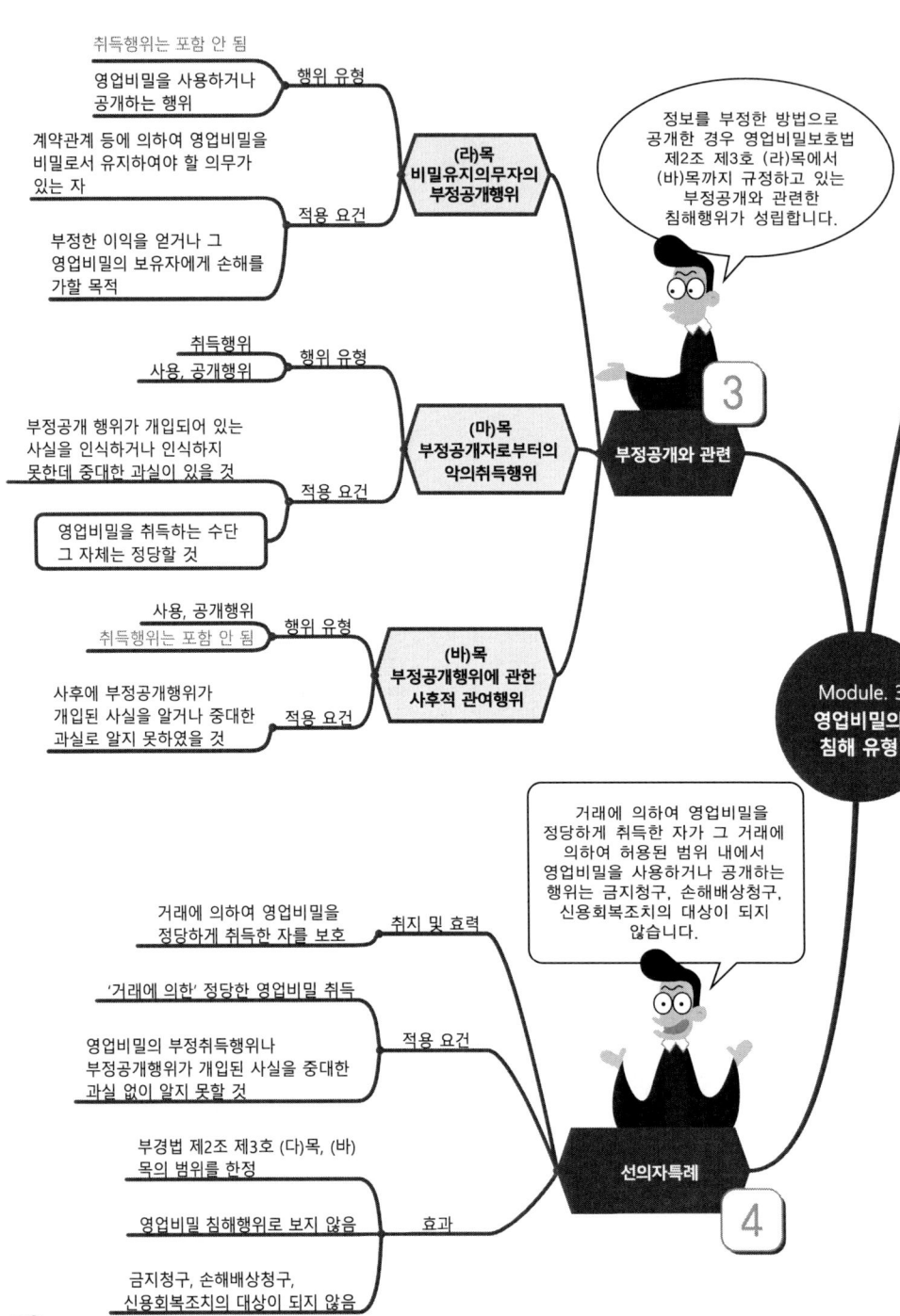

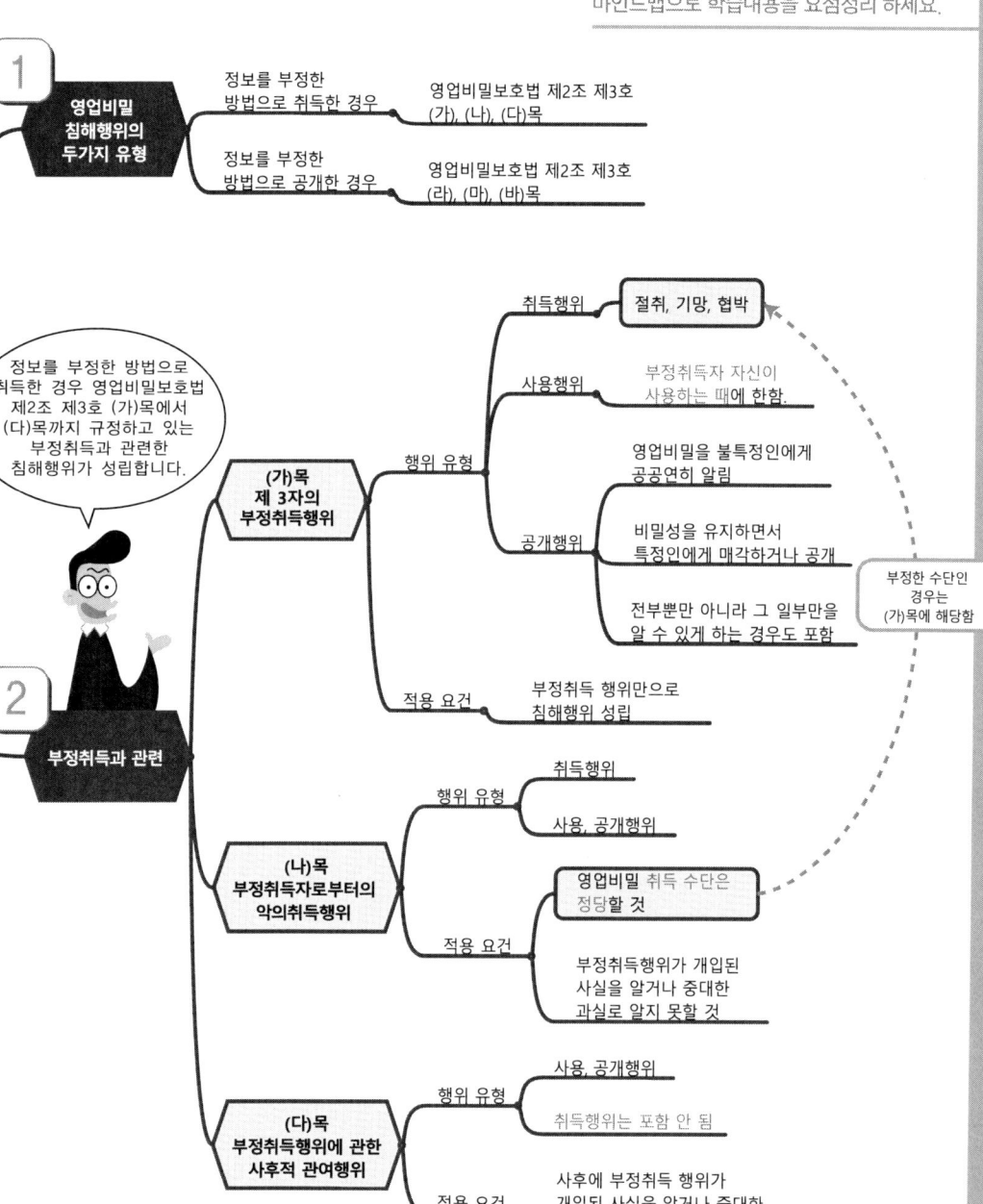

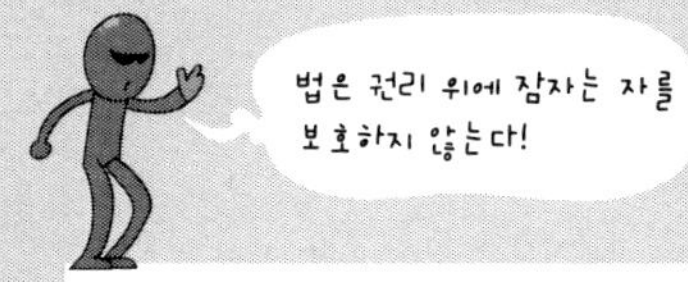

영업비밀 침해에 대한 민사적 구제

『영업비밀을 침해당한 경우 취할 수 있는 민사적 구제 방법은?』

Module 4

Module 4 영업비밀 침해에 대한 민사적 구제

1. 금지 및 예방 청구권
2. 전직금지(경업금지) 청구권
3. 폐기·제거 등 청구권
4. 손해배상 청구권
5. 신용회복 청구권

만화와 질문을 통해 학습 주제에 대하여 생각해 보세요.

 질문에 대한 답은 본문의 핵심정리를 참고해 주세요~

1. 금지 및 예방 청구권을 행사할 수 있는 경우는?

2. 금지 및 예방 청구권을 행사할 수 있는 영업비밀의 보유자란?

3. 금지 및 예방 청구권의 청구대상은?

4. 금지 및 예방 청구권, 손해배상 청구권, 신용회복 청구권 등의 민사적 구제를 청구할 수 없는 경우는?

영업비밀의 침해에 대한 민사적 구제

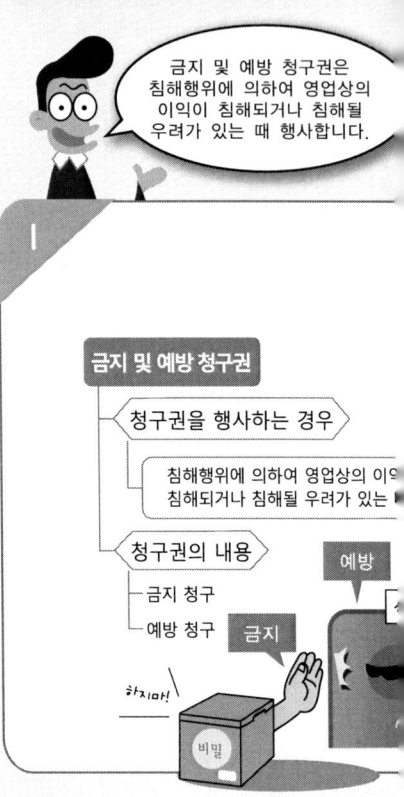

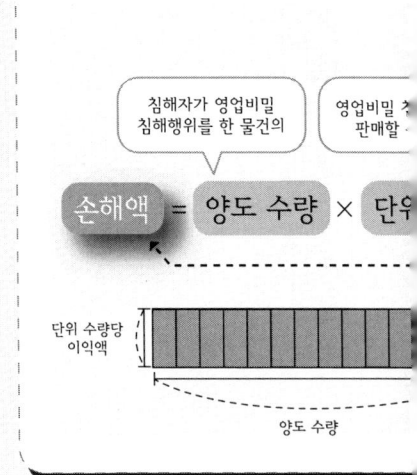

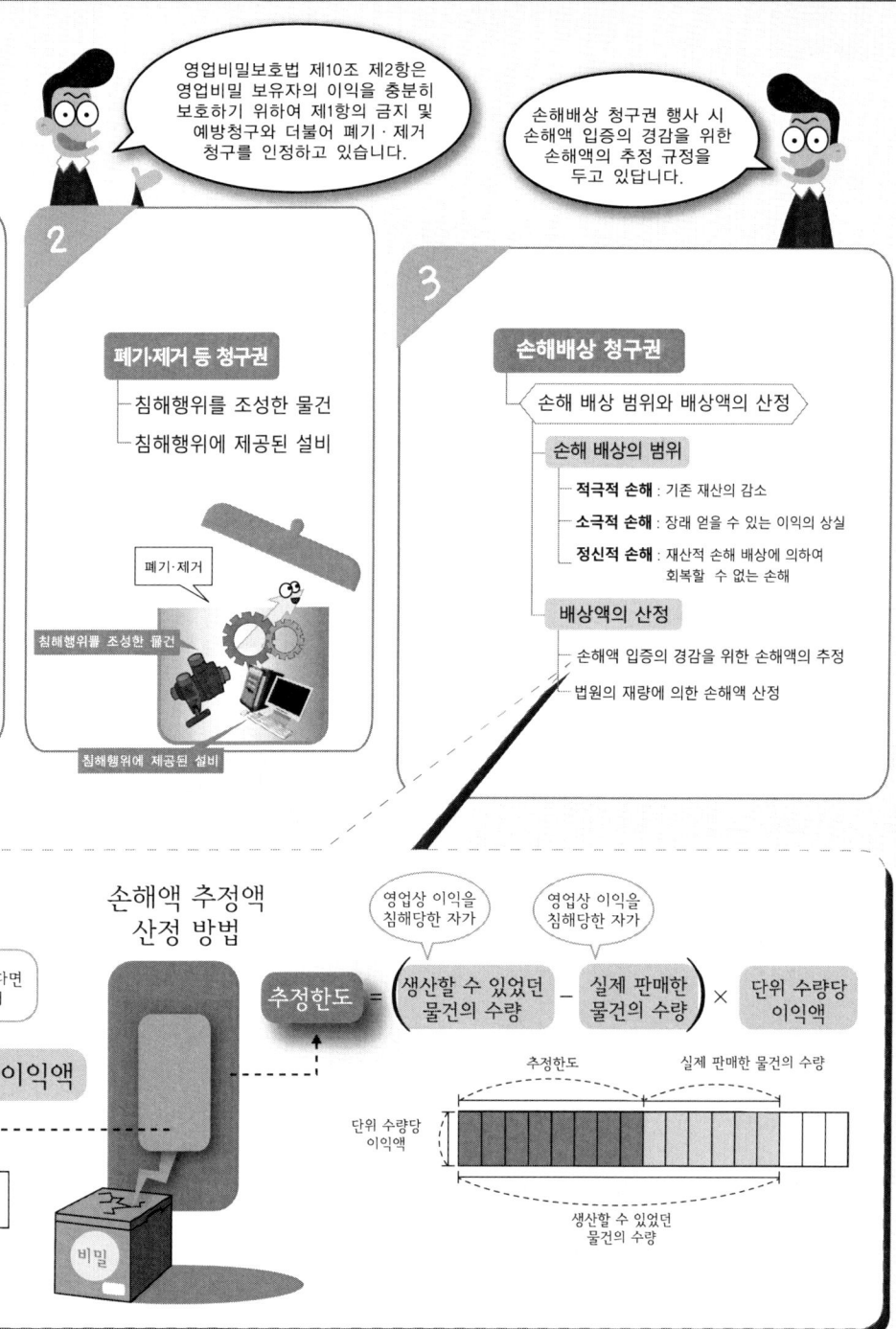

금지 및 예방 청구권

> **법률** **영업비밀보호법 제10조 제1항**
>
> 영업비밀의 보유자는 영업비밀 침해행위를 하거나 하려는 자에 대하여 그 행위에 의하여 영업상의 이익이 침해되거나 침해될 우려가 있는 경우에는 법원에 그 행위의 금지 또는 예방을 청구할 수 있다.

취지

금지 및 예방 청구권은 침해행위를 즉시 중지시키거나 예방할 수 있는 가장 직접적이고 효과적인 수단이다.

청구하기 위한 요건

> **핵심 정리**
>
> 금지 및 예방 청구권은 영업상의 이익이 침해되거나 침해될 우려가 있는 경우 행사할 수 있다.

1. 영업상의 이익
가. 영업
'영업'이란 경제주체가 경제상 수지의 계산 위에서 활동하는 모든 행위를 포함하는 개념으로, 영리성 유무와 관계없이 계속적·반복적으로 시장에 참여하는 행위를 말함.

나. 영업상의 이익
'영업상의 이익'이란 영업비밀 침해행위로부터 보호받을 가치가 있는 모든 이익을 의미함.

2. 침해되거나 침해될 우려
'영업상 이익이 침해될 우려'는 단순히 침해될 가능성만으로는 안 되고, 침해될 것이 확실히 예상되는 개연성을 의미하므로 주관적 침해 가능성만으로는 부족하며, 사회통념상 객관적으로 영업상 이익이 침해될 가능성이 있어야 한다. 이러한 사실의 입증책임은 침해금지 청구권자에게 있다.

청구권자

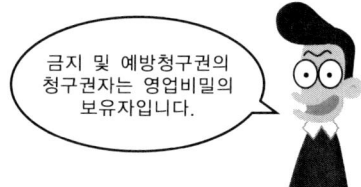

금지 및 예방청구권의 청구권자는 영업비밀의 보유자입니다.

영업비밀 보유에 관하여 정당한 권원을 가지는 자 또는 사실상의 보유자인 '영업비밀 보유자'가 청구권자이다.

1. 영업비밀을 최초로 개발한 원시취득자
2. 양수인, 실시권자 등 정당한 권원에 의하여 영업비밀을 보유·사용하는 자
3. 역설계에 의한 영업비밀보유자

핵심 정리
영업비밀의 '보유자'라 함은 그 보유에 관하여 정당한 권원을 가지는 자뿐만 아니라 사실상의 보유자도 포함하지만 부정한 수단에 의하여 영업비밀을 보유한 부정취득자는 포함하지 않는다[1].

---

[1] 부정경쟁방지법 제10조 제1항 등에서 말하는 영업비밀의 '보유자'라 함은 그 보유에 관하여 정당한 권원을 가지는 자 뿐만 아니라 사실상의 보유자도 포함하는 개념이므로 원고 회사가 외국의 잉크 제품을 분석하여 이를 토대로 이 사건 기술정보를 보유하게 되었다 하더라도 그 기술정보가 영업비밀이 되는 데 지장이 없으며, 역설계가 허용되고 역설계에 의하여 이 사건 기술정보의 획득이 가능하다고 해서 결론을 달리하지 않는다(서울고법 95나14420 판결).

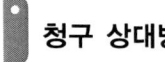
청구 상대방

금지 및 예방 청구권은 영업비밀 침해행위를 하거나, 하고자 하는 자, 전현직 직원, 제3자(전득자 및 전전득자), 법인, 사용자에게 청구한다.

청구권의 내용

1. 금지 청구
　　가. 특정한 제품의 생산을 일정기간 중지
　　나. 완성제품의 배포, 판매 금지

2. 예방 청구

> 예방청구는 현실적으로 침해행위가 이루어지고 있는 것은 아니나, 장래 발생할 가능성이 상당히 있는 경우에 인정됩니다.

'영업상 이익이 침해될 우려'는 실행행위의 착수가 가능한 객관적인 상황 하에서 실행을 하려는 마음을 가지고 있는 경우에 인정되는데 이러한 사정은 예방청구를 하는 자가 입증하여야 하지만, 부정공개 행위의 경우에는 금지됨으로 인한 불이익에 비하여 공개로 인한 피해가 극히 크다는 점에서 그 입증의 정도가 완화된다.

판례는 상대방이 부정한 수단으로 영업비밀을 취득한 것이 입증되면 특별한 사정이 없는 한 그 부정취득자에 의하여 영업비밀이 사용되거나 공개되어 영업비밀 보유자의 영업상의 이익이 침해될 우려가 있다는 태도를 취하고 있다[2].

---

[2] '침해될 우려'라 함은 단순히 침해될 가능성만으로는 부족하고 침해될 것이 확실히 예상되는 개연성을 뜻한다 할 것이지만 원래 영업비밀은 그것이 공개되는 순간 비공지성을 상실하게 되어 보호적격 마저 부인되는 특성을 가지고 있고, 그 어느 때보다도 기업경쟁이 치열한 오늘날 개발되거나 획득한 영업비밀의 유지는 그 기업의 사활이 걸린 중대한 문제이므로, 일단 상대방이 부정한 수단으로 영업비밀을 취득한 것이 입증되면 특별한 사정이 없는 한 그 부정취득자에 의하여 영업비밀이 사용되거나 공개되어 영업비밀 보유자의 영업상의 이익이 침해될 우려가 있다고 보아야 할 것이다(서울고등법원 95나14420 판결).

전직금지(경업금지) 청구

전직금지의 필요성

영업비밀 침해의 대다수 사건들은 퇴직 근로자들이 전 고용자의 정보를 임의로 새 직장에서 사용하는 경우인데, 이처럼 기술을 개발하는데 많은 시간과 자원을 투자하였지만 퇴직 근로자들이 영업비밀을 지키지 않는다면 기업은 더 이상 연구 개발에 투자를 하지 않을 것이다.

따라서 근로자의 직업 선택 자유를 최대한 보장하면서 한편으로는 이전 직장의 영업비밀을 적절히 보호하기 위해서 전직금지약정이 필요하다[5].

판례상 전직금지청구의 허용기준

전직금지청구(혹은 경업금지청구)는 근로자로 하여금 단순히 영업비밀 준수의무를 부과하는 것을 넘어서 사용자와 경쟁관계에 있는 업체에 취업하거나 스스로 경쟁업체를 설립, 운영하는 등의 경쟁행위를 하지 않을 것을 내용으로 한다. 그 결과 전직금지약정은 직업선택의 자유를 직접적으로 제한할 뿐만 아니라, 기업의 자유로운 경쟁을 저해하여 일반 소비자의 이익을 해칠 수 있다는 문제점이 있다. 특히 퇴직 후의 경쟁업체로의 전직금지약정은 근로자의

---

5) 영업비밀을 가지고 있는 자로 하여금 동종 업체에 전직하는 것 자체를 금지시키는 것은 영업비밀 침해행위에 대한 금지 또는 예방 청구권의 범위를 넘는 것으로서 영업비밀을 보호하기 위한 적절한 조치라고 볼 수 없을 뿐만 아니라 영업비밀을 가지고 있는 자의 인격을 과도하게 침해하는 결과로 되어 헌법상 직업선택의 자유에 대한 본질적인 침해가 될 것이나, 부정경쟁방지법상의 영업비밀에 관한 규정의 취지 및 내용, 영업비밀을 보호할 필요성이 있는 상태에 있고 영업비밀을 보호하기 위하여 많은 노력을 기울인 점, 영업비밀을 가지고 있는 자가 동종 업체에서 동종 제품 제조 등 업무에 종사하는 것을 금지하지 않고서는 영업비밀을 보호할 수 없는 점 등에 비추어 보면, 영업비밀을 보호하기 위하여 영업비밀을 가지고 있는 자를 경쟁 동종 업체의 동종 제품 제조·판매 및 그 보조업무에 종사하지 못하게 하는 것이 헌법상 직업선택의 자유를 본질적으로 침해하는 것이라고 볼 수 없다(서울지법 94카합12987 판결).

생계와도 직접적인 연관이 있으므로 우리 법원은 기본적으로 허용할 수는 없다고 보지만 아래 두 가지 경우에는 전직금지청구를 인정하고 있다.

1. 당사자 간의 전직 또는 전직금지의 약정이 있는 경우
약정 내용과 금지 기간에 합리성이 인정되어 전직금지약정이 유효한 경우는 퇴직 후 경쟁업체로의 전직금지청구 인정.

2. 당사자 간의 전직금지약정이 없는 경우
전직한 회사에서 영업비밀과 관련된 업무에 종사하는 것을 금지하지 않고서는 회사의 영업비밀을 보호할 수 없다고 인정되는 경우에는 구체적인 전직금지약정이 없다고 하더라도 부경법 제10조 제1항에 의한 침해행위 금지 또는 예방과 이를 위하여 필요한 조치 중의 한 가지로서 그 근로자로 하여금 전직한 회사에서 영업비밀과 관련된 업무에 종사하는 것을 금지하도록 하는 조치를 취할 수 있다(대법원 2002마4380 판결).

전직금지청구가 인용될 경우의 시간적 범위

1. 금지 기간
금지 기간은 영업비밀 존속기간 이내여야 한다. 전직을 금지하더라도 특별한 사정이 없는 한 영업비밀의 존속기간을 넘는 기간까지 전직을 금지할 수는 없다. 판례는 영업비밀에 대한 일반적인 침해금지 기간과 종업원의 전직금지 기간의 개념을 별개로 취급하지만 그 기간은 거의 동일하게 인정한다.

2. 전직금지청구의 기산점
당사자 간 약정을 근거로 한 전직금지청구에 있어, 전체 기간에 관하여는 다툼이 없지만 그 기간의 시작 시점이 불분명하여 다툼이 벌어지는 경우가 있다. 전직금지는 근로자가 사용자와 경쟁관계에 있는 업체에 취업하는 것을 제한하는 것이므로 근로자가 영업비밀을 취급하지 않는 부서로 옮긴 이후 퇴직할 당시까지 사용자가 미리 전직금지를 신청할 수 있었다고 볼 사정이 없는 한 근로자가 퇴직한 시점을 기준으로 이를 산정한다.

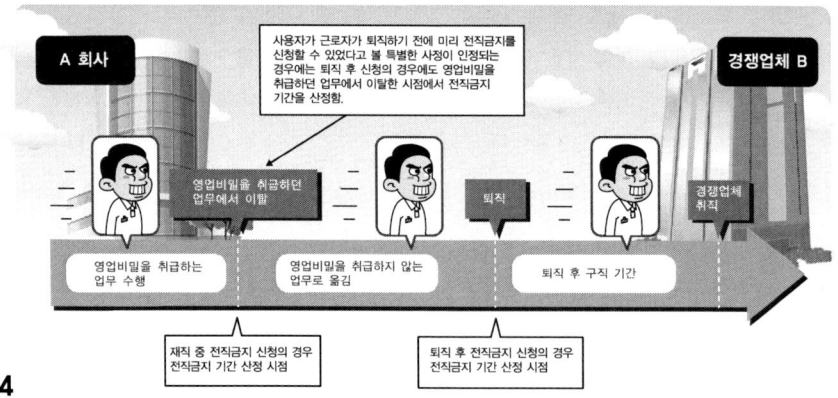

Module 4-3 폐기·제거 등 청구권

> **법률** 영업비밀보호법 제10조 제2항
>
> 영업비밀 보유자가 제1항에 따른 청구를 할 때에는 침해행위를 조성한 물건의 폐기, 침해행위에 제공된 설비의 제거, 그 밖에 침해행위의 금지 또는 예방을 위하여 필요한 조치를 함께 청구할 수 있다.

취지

영업비밀을 침해한 자의 수중에 침해행위를 조성한 물건이나 침해행위에 제공된 설비를 그대로 둔다면 또다시 침해행위를 할 우려가 있으므로, 장래의 침해행위를 금하는 것만으로 영업비밀 보유자의 이익을 충분히 보호할 수가 없다. 이에 영업비밀보호법 제10조 제2항은 금지 및 예방청구와 더불어 폐기·제거 청구를 인정하고 있다.

청구 대상

1. 폐기 및 제거청구의 대상이 되는 침해행위를 조성한 물건

　　가. 부정취득한 영업비밀이 포함되어 있는 사양서, 실험데이터, 고객명단
　　나. 부정취득한 영업비밀을 이용하여 만든 제품

2. 침해행위에 제공된 설비

　　가. 부정취득행위에 제공된 도청기
　　나. 부정사용행위에 제공된 제조기계, 종업원 교육 매뉴얼

Module 4-4 손해배상 청구권

> **법률** 영업비밀보호법 제11조(영업비밀 침해에 대한 손해배상책임)
> 고의 또는 과실에 의한 영업비밀 침해행위로 영업비밀 보유자의 영업상 이익을 침해하여 손해를 입힌 자는 그 손해를 배상할 책임을 진다.

청구 상대방

영업상 이익을 침해하여 손해를 입힌 자.

청구 요건

1. 고의·과실에 의해 영업비밀침해행위가 발생하여야 함3).
2. 영업비밀보유자의 영업상의 이익이 침해되어야 함.

배상 범위와 배상액의 산정

1. 배상 범위

   가. 적극적 손해 : 기존 재산의 감소
   ① 영업비밀의 침해행위를 조사하거나 포착하기 위하여 지출한 비용
   ② 침해의 제거나 방지를 위하여 지출한 비용
   ③ 변호사 비용

   나. 소극적 손해 : 장래 얻을 수 있는 이익의 상실.
   영업비밀을 사용한 제품의 판매를 통하여 얻을 수 있었던 이익이 판매수량의 감소에 의하여 상실된 경우.

   다. 정신적 손해 : 재산적 손해 배상에 의하여 회복할 수 없는 손해4).

---
3) 특허권 침해의 경우 침해행위에 대한 과실이 추정되지만, 영업비밀의 경우는 고의·과실에 대한 입증책임을 청구권자가 부담함.
4) 정신적 손해배상이 인정되기 위해서 일반적으로 타인의 불법행위 등에 의하여 재산권이 침해된 경우에는 그 재산적 손해의 배상에 의하여 정신적 고통도 회복된다고 보아야 할 것이므로, 영업비밀 침해행위로 인하여 영업매출액이 감소한 결과 입게된 정신적 고통을 위자할 의무가 있다고 하기 위해서는 재산적 손해의 배상에 의하여 회복할 수 없는 정신적 손해가 발생하였다는 특별한 사정이 있고, 영업비밀 침해자가 그러한 사정을 알았거나 알 수 있었어야 한다(대법원 96다31574 판결).

2. 배상액의 산정

가. 손해액 입증의 경감을 위한 손해액의 추정

영업비밀 침해에 대한 손해배상액은 민법의 불법행위의 일반원칙에 의해 정해지지만 영업비밀은 무형적 법익의 일종으로 그 침해사실을 포착하기가 어렵고 침해에 대한 손해의 입증이 곤란하다. 이와 관련하여 영업비밀보호법 제14조의2에서 손해액의 추정 규정을 두고 있다.

① **영업비밀 침해행위를 한 물건을 양도한 경우**

침해자가 영업비밀 침해행위를 한 물건을 양도한 경우는 그 물건의 양도수량에 영업상의 이익을 침해당한 자가 영업비밀 침해행위가 없었다면 판매할 수 있었던 물건의 단위 수량당 이익액을 곱한 금액을 손해액으로 추정한다.

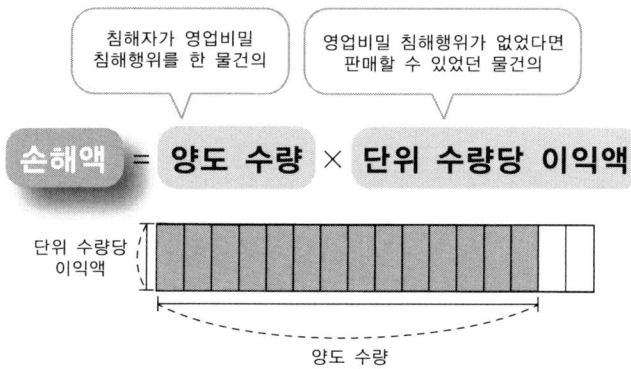

이때 손해액의 추정 한도는 영업상의 이익을 침해당한 자가 생산할 수 있었던 물건의 수량에서 실제 판매한 물건의 수량을 뺀 수량에 단위 수량당 이익액을 넘지 못하고 영업비밀 침해행위 외의 사유로 판매할 수 없었던 사정이 있는 때에는 당해 사유로 판매할 수 없었던 수량에 따른 금액은 추정액에서 감한다.

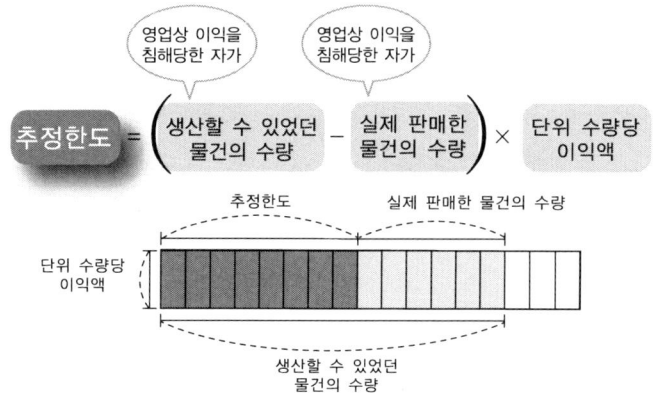

② 침해행위에 의하여 이익을 받은 것이 있는 때

침해자가 영업비밀 침해행위에 의하여 이익을 받은 것이 있는 때에는 그 이익액을 손해액으로 추정한다.

③ 영업비밀의 사용에 대한 실시료

영업비밀 침해행위의 대상이 된 영업비밀의 사용에 대하여 통상 받을 수 있는 금액에 상당하는 실시료를 손해액으로 추정한다. 단, 영업비밀 침해행위로 인하여 받은 손해액이 이 규정(제3항)에 의한 금액을 초과하는 경우에는 그 초과액에 대하여도 손해배상을 청구할 수 있다. 이 경우 그 영업상의 이익을 침해한 자에게 고의 또는 중대한 과실이 없는 때에는 법원은 손해배상액을 산정함에 있어서 이를 참작할 수 있다.

나. 법원의 재량에 의한 손해액 산정

> **법률** 영업비밀보호법 제14조의2 제5항
>
> 손해가 발생된 것은 인정되나 그 손해액을 입증하는 것이 성질상 극히 곤란한 경우, 법원은 제1항 내지 제4항의 규정에 불구하고 변론 전체의 취지와 증거조사의 결과에 기초하여 상당한 손해액을 인정할 수 있다.

Module 4-5 신용회복 청구권

> **법률** 영업비밀보호법 제12조
>
> 영업비밀 침해행위에 대한 사후적인 구제조치로서 손해배상 청구권이 인정되지만, 영업상 신용이 실추된 경우에는 손해배상 청구에 갈음하거나 함께 영업상의 신용을 회복하는데 필요한 조치를 청구할 수 있다.

청구 요건

1. 침해 행위자의 고의 또는 과실
2. 영업비밀 침해행위가 있을 것
3. 영업상 신용의 실추
4. 손해배상 이외의 별도의 신용회복조치가 필요

판단의 기준 시점

신용회복 청구를 인정할 것인지의 판단은 침해행위 당시를 기준으로 함.

> **핵심 정리**
>
> 거래에 의하여 영업비밀을 정당하게 취득한 자가 그 거래에 의하여 허용된 범위 내에서 영업비밀을 사용하거나 공개하는 행위에 대하여는 금지청구권, 손해배상 청구권, 신용회복 청구권 등의 규정이 적용되지 않는다.

일반용
Module Quiz

1. 다음 중 영업비밀에 관한 민사적 구제 방법이 아닌 것은?
   ⓐ 금지 및 예방 청구권
   ⓑ 폐기·제거 등 청구권
   ⓒ 업무상 배임죄
   ⓓ 신용회복 청구권

2. 다음 중 손해배상 청구권의 배상 범위가 아닌 것은?
   ⓐ 기존 재산의 감소
   ⓑ 재산적 손해 배상에 의해 회복할 수 있는 정신적 손해
   ⓒ 변호사 비용
   ⓓ 장래 얻을 수 있는 이익의 상실

3. 신용회복 청구권의 청구 요건이 아닌 것은?
   ⓐ 침해행위자의 고의 또는 과실
   ⓑ 영업비밀 침해행위의 존재
   ⓒ 개인적 신용의 실추
   ⓓ 손해배상 이외의 별도의 신용회복조치 필요성

정답)
1. ⓒ 업무상 배임죄는 타인의 사무를 처리하는 자가 그 임무에 위배하는 행위로 재산상의 이익을 취득하거나 제3자로 하여금 이를 취득하도록 하여 본인에게 손해를 가하는 것을 내용으로 하는 형법상 범죄임
2. ⓑ 정신적 손해배상을 청구하기 위해서는 재산적 손해의 배상으로 회복할 수 없는 정신적 손해가 발생하였다는 특별한 사정과 영업비밀 침해자가 그러한 사정을 알았거나 알 수 있었어야 함
3. ⓒ 영업비밀 침해행위로 영업비밀 보유자의 영업상의 신용이 실추되어야 함

담당자용
Module Quiz

4. 다음 중 전직금지청구에 관한 설명으로 옳지 않은 것은?
ⓐ 근로자로 하여금 단순히 영업비밀 준수 의무를 부과하는 것을 넘어서 사용자와 경쟁관계에 있는 업체에 취업하거나 스스로 경쟁업체를 설립, 운영하는 등의 경쟁행위를 하지 않을 것을 내용으로 한다
ⓑ 법원은 퇴직 후의 경쟁업체로의 전직금지약정은 근로자의 생계와도 직접적인 연관이 있으므로 기본적으로 허용될 수는 없다고 보지만 당사자 간의 전직 또는 경업금지의 약정이 있고, 그 약정 내용과 금지 기간에 합리성이 인정되는 경우에는 예외적으로 인정한다
ⓒ 판례는 영업비밀에 대한 일반적인 침해금지 기간과 종업원의 전직금지기간의 개념을 별개로 취급하여 후자의 기간을 대체로 더 길게 인정한다
ⓓ 전직을 금지하더라도 특별한 사정이 없는 한 영업비밀의 존속기간을 넘는 기간까지 이를 금지할 수는 없다
ⓔ 금지기간은 별다른 사정이 없으면 근로자가 퇴직한 시점을 기준으로 기산한다

5. 손해 배상 범위와 배상액의 선정에 관한 설명으로 올바른 것은?
ⓐ 적극적 손해는 영업비밀의 침해행위를 조사하거나 포착하기 위하여 지출한 비용은 포함하지 않는다
ⓑ 영업비밀 침해자가 재산적 손해의 배상에 의하여 회복할 수 없는 정신적 손해가 발생하였다는 특별한 사정을 알았는지 여부와 상관 없이 정신적 손해 배상을 청구할 수 있다
ⓒ 영업비밀 침해행위를 한 물건을 양도한 경우 영업상의 이익을 침해당한 자가 생산할 수 있었던 물건의 수량에서 실제 판매한 물건의 수량을 뺀 수량에 단위 수량당 이익액을 곱한 금액을 손해액으로 추정한다
ⓓ 영업비밀 침해행위의 대상이 된 영업비밀의 사용에 대하여 받을 수 있는 실시료는 손해액으로 추정받지 못한다
ⓔ 손해가 발생된 것은 인정되나 그 손해액을 입증하는 것이 성질상 극히 곤란한 경우 손해액의 입증 책임을 침해자가 부담한다

정답)
4. ⓒ 종업원의 전직금지 기간을 대체로 더 짧게 인정함
5. ⓒ 정답
　ⓐ 포함함
　ⓑ 영업비밀 침해자가 위 사정을 알았거나 알 수 있어야 함
　ⓓ 영업비밀 침해행위의 대상이 된 영업비밀의 사용에 대하여 통상 받을 수 있는 금액에 상당하는 실시료를 손해액으로 추정함
　ⓔ 법원은 변론 전체의 취지와 증거조사의 결과에 기초하여 상당한 손해액을 인정할 수 있음

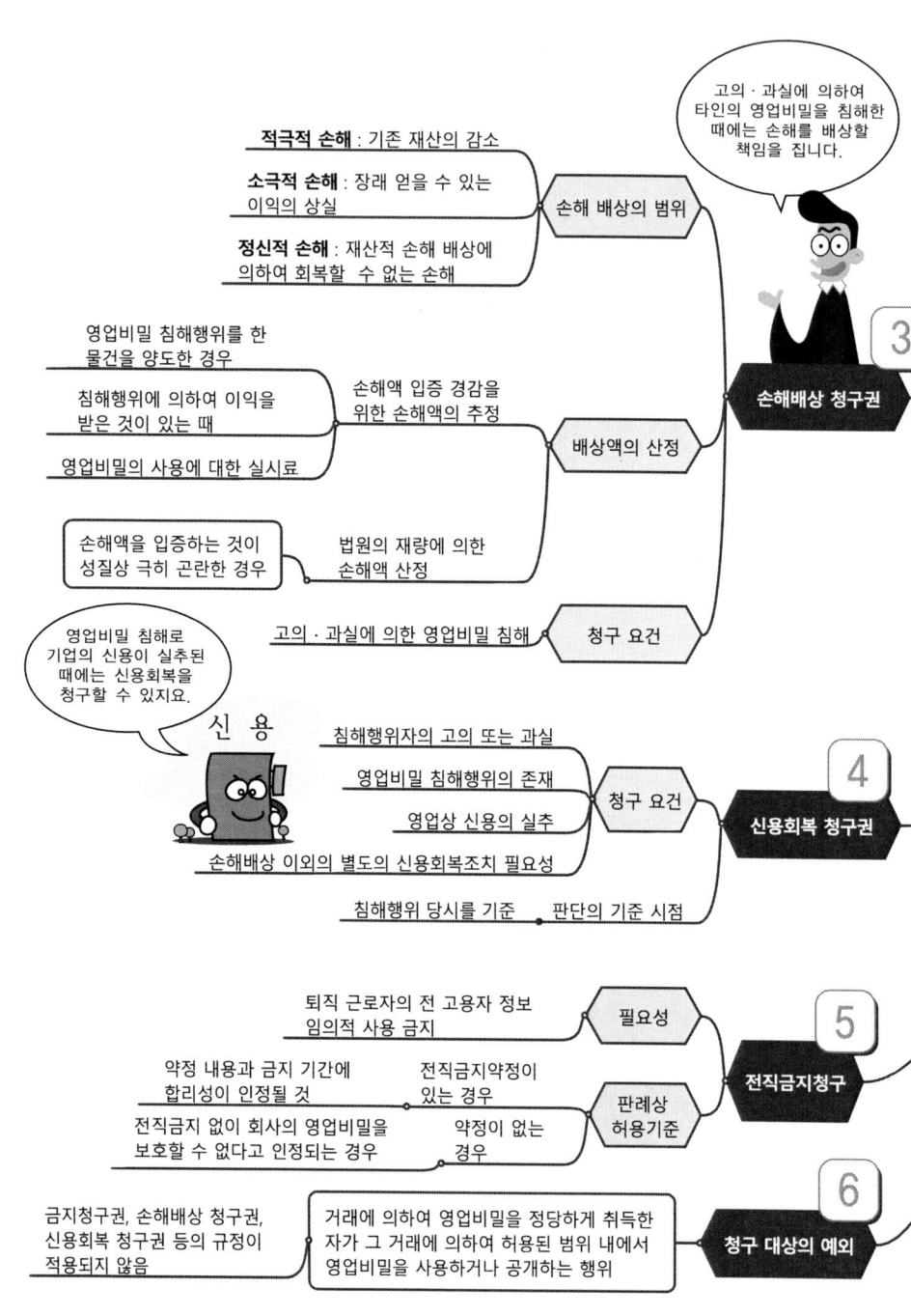

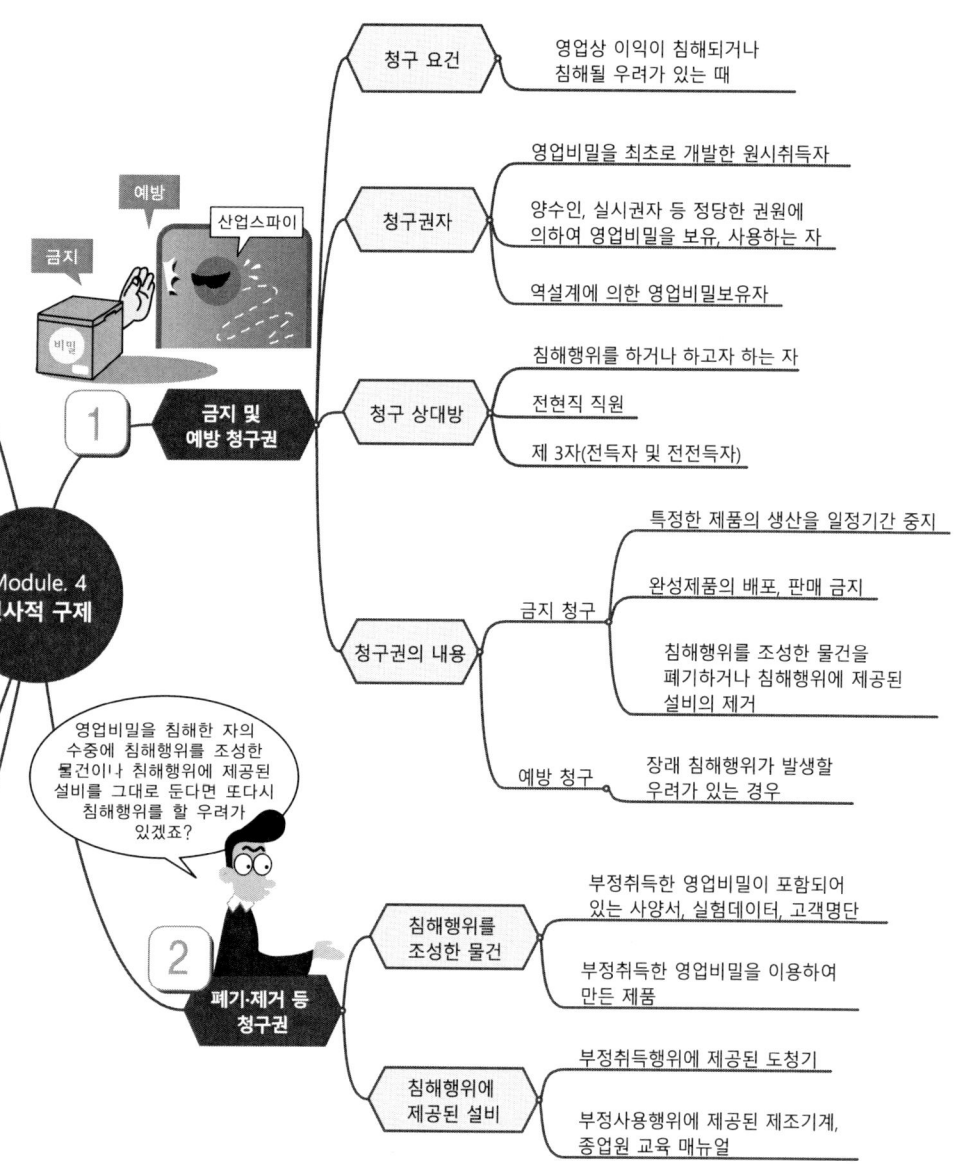

영업비밀 침해에 대한 형사처벌

1. 형사적 대응의 전개
2. 영업비밀보호법에 의한 대응
3. 일반 형법에 의한 대응

 만화와 질문을 통해 학습 주제에 대하여 생각해 보세요.

 질문에 대한 답은 본문의 핵심정리를 참고해 주세요~

1. 영업비밀 유출에 대한 형사적 대응의 두 가지 큰 유형은?

2. 배임죄와 절도죄의 차이점은?

3. 영업비밀이 기재된 서류나 저장매체 등을 도난당했지만 그 속의 정보가 영업비밀에 해당하지 않는 경우 처벌 방법은?

4. 침해자의 행위가 업무를 방해하였을 때 영업비밀 침해죄의 성립 여부와 관계 없이 처벌할 수 있는 방법은?

영업비밀의 침해에 대한 형사처벌

Infographic

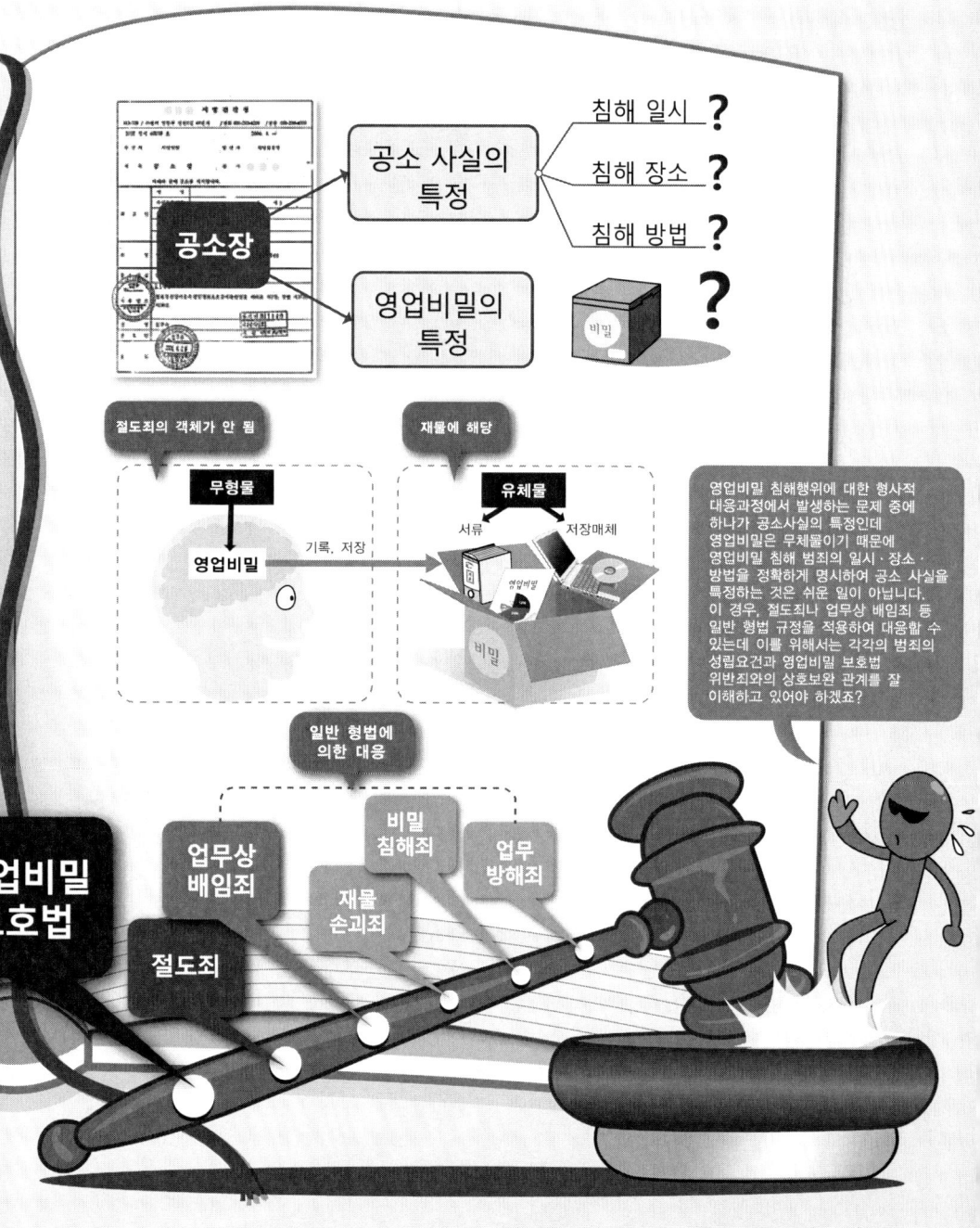

Module 5-1 형사적 대응의 전개

핵심 정리

영업비밀에 대한 형사적 대응은 영업비밀보호법에 의한 대응과 절도죄나 배임죄 등 일반 형법에 의한 대응으로 나뉜다.

1. 영업비밀보호법에 의한 대응

침해 대상 기술이 영업비밀에 해당하는 경우 일정 행위에 대해 영업비밀보호법 위반죄로 처벌할 수 있다.

2. 일반 형법에 의한 대응

영업비밀이 기록되어 있는 저장매체 등의 절취행위는 절도죄로, 영업비밀 유지의무를 부담하는 자의 배신행위는 배임죄로 처벌 가능하다.

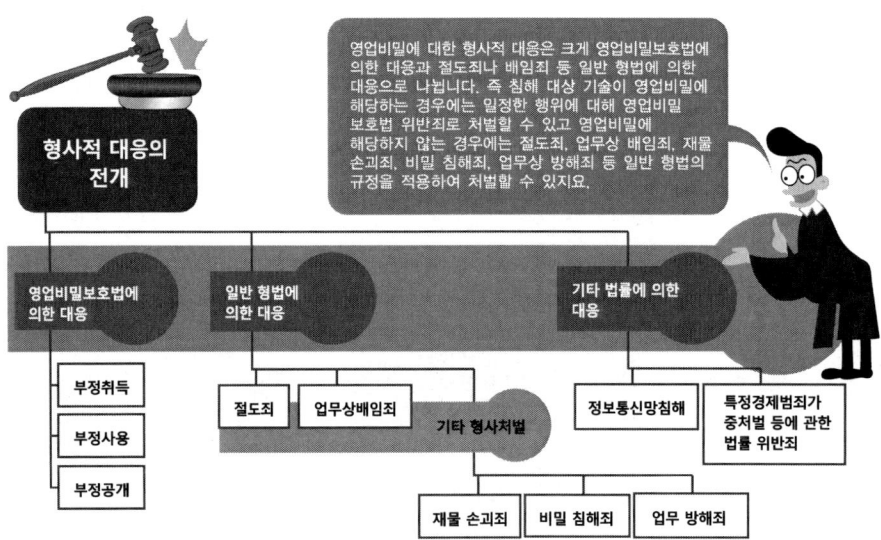

Module 5-2 영업비밀보호법에 의한 대응

형사처벌 규정 도입 과정

영업비밀 침해행위에 관한 법률을 두고 있는 모든 국가가 영업비밀 침해행위에 대한 별도의 형사처벌 규정을 두고 있는 것은 아니지만 우리나라의 경우 영업비밀보호법의 입법 초기부터 형사처벌 규정을 두고 있다. 또한 우리나라 영업비밀보호법은 모든 영업비밀에 대하여 형사적 처벌을 인정한 것이 아니라 기술 보호 필요성 유무에 따라 일정 형태의 영업비밀에 대하여만 형사처벌 규정을 두고 있다.

영업비밀보호법상 형사처벌 규정의 변화

1. 영업비밀 보유주체 확대
기업 외에 비영리기관 등이 보유한 영업비밀 유출행위도 처벌하도록 하는 등 영업비밀 보유주체를 '기업'에서 '영업비밀 보유자'로 확대하였다.

2. 보호 대상 확대
종전에는 보호대상인 영업비밀을 기술상의 영업비밀로 한정하였으나 경영상의 영업비밀을 추가하여 보호대상을 확대하였다.

3. 처벌 대상 확대
처벌대상을 '현직 임직원'에서, '전현직 임직원'으로, 다시 '모든 위반자'로 확대하였다.

4. 처벌 형량 강화
'3년 이하의 징역 또는 3천만원 이하의 벌금'에서 현재는 침해행위에 따라 '10년 이하의 징역 또는 1억원 이하의 벌금에 처한다. 다만, 벌금형에 처하는 경우 위반행위로 인한 재산상 이득액의 10배에 해당하는 금액이 1억원을 초과하면 그 재산상 이득액의 2배 이상 10배 이하의 벌금에 처한다'라고 처벌 형량을 강화하였다.

5. 예비·음모 처벌
형사처벌 대상이 되는 침해행위에 대하여 기존에는 미수범이나 예비·음모 행위에 대한 처벌 규정을 두고 있지 않았으나, 2004년 개정법을 통하여 이러한 행위도 처벌할 수 있도록 하였다.

영업비밀 부정취득·사용·누설죄의 구성요건

> **법률** 영업비밀보호법 제18조(벌칙)
>
> ① 부정한 이익을 얻거나 영업비밀 보유자에게 손해를 입힐 목적으로 그 영업비밀을 외국에서 사용하거나 외국에서 사용될 것임을 알면서 취득 사용 또는 제3자에게 누설한 자는 10년 이하의 징역 또는 1억원 이하의 벌금에 처한다. 다만, 벌금형에 처하는 경우 위반행위로 인한 재산상 이득액의 10배에 해당하는 금액이 1억원을 초과하면 그 재산상 이득액의 2배 이상 10배 이하의 벌금에 처한다. 〈개정 2009.12.30., 2013.7.30.〉
>
> ② 부정한 이익을 얻거나 영업비밀 보유자에게 손해를 입힐 목적으로 그 영업비밀을 취득 사용하거나 제3자에게 누설한 자는 5년 이하의 징역 또는 5천만원 이하의 벌금에 처한다. 다만, 벌금형에 처하는 경우 위반행위로 인한 재산상 이득액의 10배에 해당하는 금액이 5천만원을 초과하면 그 재산상 이득액의 2배 이상 10배 이하의 벌금에 처한다. 〈개정 2013.7.30.〉

1. 객관적 구성요건

영업비밀을 부정하게 취득 · 사용하거나 제3자에게 누설하는 행위, 세 가지 유형을 규정하고 있다.

2. 주관적 구성요건

영업비밀보호법을 위반하는 자는 영업비밀을 취득·사용 누설하는 행위를 하고 있고, 취득·사용·누설하는 정보가 영업비밀이라는 사실에 대한 고의가 필요하다.

그리고 영업비밀보호법은 영업비밀을 부정취득·사용·누설하여 영업비밀보호법을 위반하는 모든 침해 유형에 대하여 '부정한 이익을 얻거나 영업비밀 보유자에게 손해를 입힐 목적'을 갖도록 요구하고 있다.

그런데 이러한 주관적 목적을 적극적으로 의도하거나 확정적으로 인식하는 정도까지 필요로 하지는 않는다. 따라서 영업비밀 사용행위로 인하여 경쟁사의 경쟁력 강화와 그로 인하여 생길 경쟁업체들의 가격 경쟁력 향상으로 그 이익감소분 상당의 손해를 입게 될 것이라는 사정을 충분히 예상할 수 있었다면, 부정한 이익을 얻거나 영업비밀 보유자에게 손해를 입힐 목적이 있었다고 볼 수 있고, 제3자가 해당 영업비밀을 이용하여 경쟁상 우위를 차지할 수 있음을 인식할 필요는 없고, 영업비밀의 부정이용 행위가 관련 업종의 경쟁력과 관련돼 있다는 사실을 인식하고 있는 것으로 충분하다.

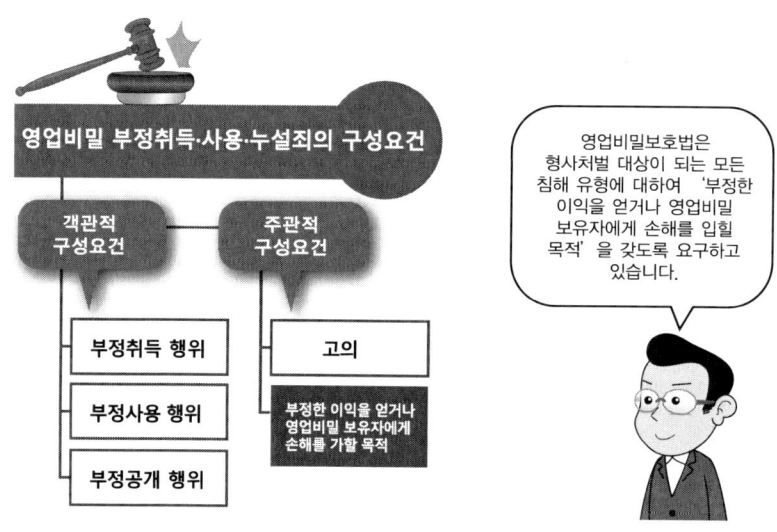

영업비밀보호법 위반죄와 범죄실현 단계

2004년 제7차 개정에 의해 미수범 및 예비 또는 음모한 자도 처벌할 수 있게 되었다.

> **법률** **제18조의2(미수)**
> 제18조제1항 및 제2항의 미수범은 처벌한다.
>
> **법률** **제18조의3(예비·음모)**
> ① 제18조제1항의 죄를 범할 목적으로 예비 또는 음모한 자는 3년 이하의 징역 또는 2천만원 이하의 벌금에 처한다.
> ② 제18조제2항의 죄를 범할 목적으로 예비 또는 음모한 자는 2년 이하의 징역 또는 1천만원 이하의 벌금에 처한다.

1. 예비·음모

경쟁사의 영업비밀을 훔치기 위해서 경쟁사 사무실 내의 영업비밀 보관 장소를 탐색하는 등의 사전 준비를 하였지만, 이후 침해행위가 실행착수에 이르지 않은 경우에는 예비 또는 음모로 처벌한다.

2. 미수

침해가 완료되지 않고 실행착수 단계에 머물렀다면 미수범으로 처벌한다[1]. 미수범의 형은 침해가 완료된 경우 보다 감경할 수 있다[2].

3. 기수

침해가 완료된 경우 기수에 이르러 기수범으로 처벌한다.

영업비밀을 불법하게 취득한 행위의 경우 보유자를 배제한 시점에 기수가 되며, 부정공개의 경우에는 제3자에게 누설한 시점에 기수가 된다.

---

1) 행위자가 해당 영업비밀과 관계된 영업활동에 해당 영업비밀을 이용 혹은 활용할 의사 아래 그 영업활동에 근접한 시기에 영업비밀을 열람하는 행위를 하였다면 실행의 착수가 있었다고 인정된다(2008도9433 판결).
2) 형법 제25조(미수범): ① 범죄의 실행에 착수하여 행위를 종료하지 못하였거나 결과가 발생하지 아니한 때에는 미수범으로 처벌한다. ②미수범의 형은 기수범보다 감경할 수 있다.

영업비밀 침해행위가 공동으로 이루어진 경우

공모행위에만 가담하고 실행행위에게 가담하지 않은 경우에도 공동정범이 될 수 있기 때문에 주의하여야 한다. 이때 공모관계는 2인 이상이 공모하여 어느 범죄에 공동 가공하여 그 범죄를 실현하려는 의사의 결합만 있으면 되므로, 그 실행행위의 가담 여부나 비밀유지의무의 유무에 상관없이 영업비밀 침해죄의 공동정범으로 처벌된다.

기업이 영업비밀 침해 행위자인 경우

> **법률** **영업비밀보호법 제19조(양벌규정)**
> 법인의 대표자나 법인 또는 개인의 대리인, 사용인, 그 밖의 종업원이 그 법인 또는 개인의 업무에 관하여 제18조제1항부터 제4항까지의 어느 하나에 해당하는 위반행위를 하면 그 행위자를 벌하는 외에 그 법인 또는 개인에게도 해당 조문의 벌금형을 과(科)한다. 다만, 법인 또는 개인이 그 위반행위를 방지하기 위하여 해당 업무에 관하여 상당한 주의와 감독을 게을리하지 아니한 경우에는 그러하지 아니하다.

법인의 대표자나 법인 또는 개인의 대리인, 사용인, 그 밖의 종업원이 그 법인 또는 개인의 업무에 관하여 제18조 제1항부터 제4항까지의 어느 하나에 해당하는 위반행위를 하면 그 행위자를 벌하는 외에 그 법인 또는 개인에게도 해당 조문의 벌금형을 과한다.

다만, 법인 또는 개인이 그 위반행위를 방지하기 위하여 해당 업무에 관하여 상당한 주의와 감독을 게을리하지 아니한 경우에는 그러하지 아니하다(영업비밀보호법 제19조).

Module 5-3 일반 형법에 의한 대응

배임죄, 업무상 배임죄

> **법률** **형법 제355조 제2항(배임죄)**
> 타인의 사무를 처리하는 자가 그 임무에 위배하는 행위로써 재산상의 이익을 취득하거나 제삼자로 하여금 이를 취득하게 하여 본인에게 손해를 가한 때 5년 이하의 징역 또는 1천500만원 이하의 벌금에 처한다.
>
> **법률** **형법 제356조(업무상 횡령과 배임)**
> 업무상의 임무에 위배하여 제355조(횡령, 배임)의 죄를 범한 자는 10년 이하의 징역 또는 3천만원 이하의 벌금에 처한다.

1. 배임죄란?

배임죄는 타인의 사무를 처리하는 자가 그 임무에 위배하는 행위로 재산상의 이익을 취득하거나 제3자로 하여금 이를 취득하도록 하여 본인에게 손해를 가하는 것을 내용으로 하는 범죄이다.

특히 재산권을 보호법익으로 하고 침해 행위가 본인과의 신임관계 또는 신의성실 의무를 위배한다는 점에서 사기죄와 비슷하다. 다만 사기죄는 신임관계의 침해, 즉, 기망행위를 벌하는 것인데 반하여, 배임죄는 기존의 신임관계를 전제로 하여 이를 침해하는 일체의 행위를 벌하는 것이다.

2. 영업비밀의 침해와 배임죄

배임행위는 본인과의 사이의 신임관계를 저버리는 일체의 행위를 포함하는 것으로, 그러한 행위가 법률상 유효한지 여부는 따지지 않고 배임행위가 영업비밀보호법 위반 행위에 해당하여야 하는 것도 아니기 때문에 종업원이 자료를 회사 몰래 유출한다면 이는 영업비밀 해당여부를 떠나 회사와의 신뢰관계를 저버리는 행위로 배임죄로 처벌받을 수 있다.

따라서 유출 자료가 영업비밀에 해당하는지 입증하는데 실패한 경우나 입증하기 곤란한 경우에는 유출 자료가 영업상 중요한 자산임을 주장하여 배임죄로 처벌할 수 있다.

절도죄

> **법률** 형법 제329조
> 타인의 재물을 절취한 자는 6년 이하의 징역 또는 1천만원 이하의 벌금에 처한다.

1. 절도죄란?

절도죄는 타인의 재물을 타인의 의사에 반하여 훔친 자를 처벌하는 것을 내용으로 하는 범죄이다. 소유권을 보호법익으로 하는 죄로, 재물만을 객체로 하는 순수한 재물죄이다.

 핵심 정리
배임죄가 재산상의 이익을 객체로 하는 것에 반하여 절도죄는 재물을 객체로 한다.

형법상 재물은 일반적으로 민법상의 물건인 '유체물 및 전기 기타 관리할 수 있는 자연력'과 형법 제346조에 규정하는 관리할 수 있는 동력을 의미한다. 따라서 영업비밀이 기재된 서류나 저장매체 등은 절도죄의 대상이 된다[3]. 이 경우 경제적 가치가 미비한 것일지라도 절도죄의 대상인 재물이 될 수 있다.

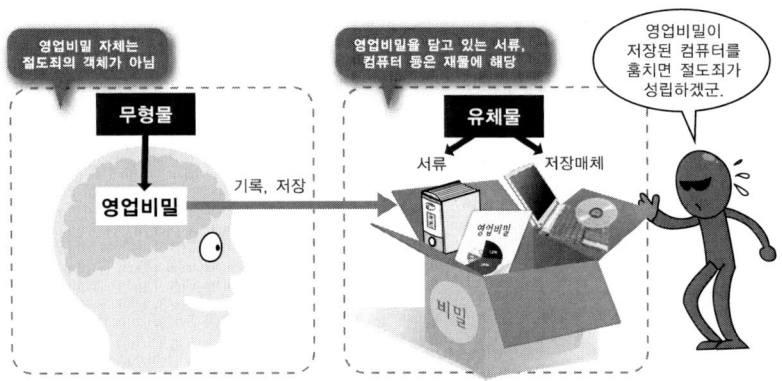

---

3) 부정한 이익을 얻을 목적으로 타인의 영업비밀이 담긴 CD를 절취하여 그 영업비밀을 부정사용한 사안에서, 절도죄와 별도로 영업비밀보호법상 영업비밀 부정사용죄가 성립한다(2008도5364판결).

2. 영업비밀 침해와 절도

절도죄의 행위객체는 타인이 점유하는 타인의 재물이다. 배임죄가 재산상의 이익을 객체로 하는 것에 반하여 절도죄는 재물을 객체로 한다. 따라서 무형물인 영업비밀을 유출하더라도 절도죄의 객체가 될 수 없다. 다만 무형의 영업비밀의 내용이 유형물에 담겨있는 경우에는 영업비밀 유출행위가 영업비밀보호법 위반죄와 절도죄에 동시에 해당될 수 있다.

예를 들면 종업원이 반출한 서류 등에 기재된 기술의 영업비밀 해당 여부가 절도죄의 성립에 영향을 미치지 않기 때문에 반출한 서류가 영업비밀에 해당하는 경우에는 영업비밀 침해죄와 절도죄가 함께 성립하게 되고 만약 서류 등에 기재된 기술이 영업비밀에 해당하지 않는 경우라도 절도죄로 처벌할 수 있는 것이다.

절취 후 절취물에 포함된 영업비밀을 사용하면 절도죄와 함께 영업비밀 부정사용죄가 성립한다.

핵심 정리

침해 대상이 영업비밀에 해당하지 않는 경우에도 영업비밀이 기재된 서류나 저장매체 등을 도난당한 경우 절도죄가 성립할 수 있다.

재물 손괴죄

> **법률** **형법 제366조**
>
> 타인의 재물, 문서 또는 전자기록등 특수매체기록을 손괴 또는 은닉 기타 방법으로 기 효용을 해한 자는 3년이하의 징역 또는 700만원 이하의 벌금에 처한다.

1. 재물 손괴죄란?

재물 손괴죄는 타인의 재물, 문서 또는 기록매체 등 특수매체기록을 손괴 또는 은닉 기타 방법으로 그 효용을 해함으로써 성립하는 범죄이다. 영업비밀 보호와 관련해서는 영업비밀이 기록되어 있는 문서 또는 전자기록 등의 특수매체기록을 손괴, 은닉 기타 그 효용을 해하는 행위를 한 경우, 재물 손괴죄로 처벌할 수 있다.

2. 영업비밀과 관련하여 재물 손괴죄로 처벌할 수 있는 경우

① 영업비밀이 기록되어 있는 장부를 은닉하거나, 일부분을 뜯어내는 행위.
② 영업비밀이 보관되어 있는 CD 등의 저장매체를 손상시킨 경우.
③ 영업비밀이 보관되어 있는 시설의 잠금장치를 훼손한 경우.

비밀 침해죄

> **법률** 형법 제316조
> ① 봉함 기타 비밀장치한 사람의 편지, 문서 또는 도화를 개봉한 자는 3년 이하의 징역이나 금고 또는 500만원 이하의 벌금에 처한다.
> ② 봉함 기타 비밀장치한 사람의 편지, 문서, 도화 또는 전자기록등 특수매체기록을 기술적 수단을 이용하여 그 내용을 알아낸 자도 제1항의 형과 같다.

1. 비밀 침해죄란?

봉함[4] 기타 비밀장치[5]한 타인의 편지, 문서 또는 도화를 개봉하거나, 봉함 기타 비밀장치한 사람의 편지, 문서 또는 전자기록 등 특수매체기록을 기술적 수단을 이용하여 그 내용을 알아냄으로써 성립하는 범죄이다.

컴퓨터나 기록 자체에 적용되어 있는 경우는 물론 정보의 호출을 위하여 비밀번호, 전자카드, 지문감식 또는 음성감지체계와 같은 특수한 작동체계를 마련한 경우를 포함한다.

영업비밀 보호와 관련해서는 영업비밀이 기재된 문서에 봉함 기타 비밀장치를 한 경우, 이를 훼손하면 비밀 침해죄를 적용하여 형사적 처벌이 가능하다.

2. 다른 규정과의 보완 관계

(1) 재물 손괴죄

재물 손괴죄 등이 영업비밀이 기재된 매체에 대한 보호 규정으로 작용한다면, 본 규정은 영업비밀을 보호하기 위한 보호 장치에 대한 보호 규정으로 작용한다.

---

[4] 봉함 : 봉투를 붙인 경우처럼 겉포장을 뜯지 않으면 속의 내용을 알 수 없거나 알아내기 매우 어렵게 만드는 방법.
[5] 비밀장치한 특수매체 : 권한 없는 사람의 기록에 대한 접근을 방지하거나 곤란하게 하기 위한 장치가 취해져 있는 기록.

(2) 정보통신망 침해죄

정보통신망 침해죄가 정보통신망을 이용한 침해행위만을 대상으로 한다면 본 규정은 정보통신망을 이용하지 않고 전자기록을 침해하는 행위도 처벌할 수 있다는 점에서 정보통신망 침해죄와도 상호 보완 관계에 있다.

업무 방해죄

> **법률** 형법 제314조
> ① 제313조의 방법 또는 위력으로써 사람의 업무를 방해한 자는 5년 이하의 징역 또는 1천500만원 이하의 벌금에 처한다.
> ② 컴퓨터등 정보처리장치 또는 전자기록등 특수매체기록을 손괴하거나 정보처리장치에 허위의 정보 또는 부정한 명령을 입력하거나 기타 방법으로 정보처리에 장애를 발생하게 하여 사람의 업무를 방해한 자도 제1항의 형과 같다.

1. 업무 방해죄란?

위력으로써 업무를 방해하거나 컴퓨터 등 정보처리장치 또는 전자기록 등 특수매체기록을 손괴하거나 정보처리장치에 허위의 정보 또는 부정한 명령을 입력하거나 기타 방법으로 정보처리에 장애를 발생하게 하여 사람의 업무를 방해한 때에 성립하는 범죄이다.

업무 방해죄는 경제생활에 있어서 업무만을 보호하기 위한 범죄가 아니라 사회적 활동에 속하는 모든 업무를 보호하기 위한 범죄로 영업비밀침해죄에 있어서 영업범위보다 넓은 개념의 업무를 보호대상으로 한다.

2. 다른 규정과의 보완 관계

비밀침해죄나 재물손괴죄의 행위가 인터넷 등 성보통신망을 이용하지 않은 것에 한정되는 것에 반하여, 본죄는 정보통신망을 이용하지 않은 행위에 한정되지 않는다. 즉 업무를 방해 하였다면 정보통신망의 이용 여부에 상관없이 본죄가 성립한다.

핵심 정리
영업비밀 침해죄의 성립 여부와 관계 없이 침해자의 행위가 업무를 방해하였다면 업무방해죄로 처벌할 수 있다.

일반용

Module Quiz

1. 영업비밀보호법상의 형사처벌 규정에 관한 설명 중 옳지 않은 것은?
   ⓐ 경영상 정보의 침해행위도 처벌됨
   ⓑ 처벌대상을 '현직 임직원'에서 전현직 임직원으로 확대하였다.
   ⓒ 10년 이하의 징역 또는 그 재산상 이득액의 2배 이상 10배 이하에 상당하는 벌금 부과
   ⓓ 미수, 예비·음모는 처벌하지 않음

2. 타인의 사무를 처리하는 자가 그 임무에 위배하는 행위로 재산상의 이익을 취득하거나 제3자로 하여금 이를 취득하도록 하여 본인에게 손해를 가하는 것을 내용으로 하는 범죄는?
   ⓐ 절도죄
   ⓑ 재물 손괴죄
   ⓒ 업무상 배임죄
   ⓓ 비밀 침해죄

3. 다음 중 재물 손괴죄로 처벌할 수 있는 경우가 아닌 것은?
   ⓐ 영업비밀이 기록되어 있는 장부를 은닉하거나, 일부분을 뜯어내는 행위
   ⓑ 정보통신망을 이용하여 정보처리에 장애를 일으켜 사람의 업무를 방해한 경우
   ⓒ 영업비밀이 보관되어 있는 CD 등의 저장매체를 손상시킨 경우
   ⓓ 영업비밀이 보관되어 있는 시설의 잠금장치를 훼손한 경우

정답)
1. ⓓ 미수, 예비·음모도 처벌함
2. ⓒ 정답
3. ⓑ 인터넷 등 정보통신망을 이용한 경우는 업무 방해죄로 처벌 가능함

담당자용

Module Quiz

---

4. 다음 중 영업비밀에 대한 형사처벌 규정의 상호보완 관계에 대한 설명 중 옳지 않은 것은?
ⓐ 영업비밀을 부정하게 취득·사용하거나 제3자에게 누설한 때에는 영업비밀보호법 위반죄로 처벌할 수 있다. 하지만 영업비밀보호법 위반죄가 성립하지 않는 경우에도, 절도죄와 업무상 배임죄로 처벌 가능하다
ⓑ 배임죄가 재산상의 이익을 보호 객체로 하는 것에 반하여 절도죄는 재물을 보호 객체로 한다
ⓒ 타인의 재물, 문서 또는 기록매체 등 특수매체기록을 손괴 또는 은닉 기타 방법으로 그 효용을 해한 때에는 재물 손괴죄로 처벌한다. 하지만 영업비밀이 기재된 매체를 손괴한 것이 아니라 비밀장치한 사람의 편지, 문서 또는 전자기록 등 특수매체기록을 기술적 수단을 이용하여 그 내용을 알아낸 경우에는 비밀 침해죄가 성립한다
ⓓ 인터넷 등 정보통신망을 이용한 경우 재물 손괴죄와 비밀 침해죄를 적용할 수는 없지만 사람의 업무를 방해하였다면 업무 방해죄로 처벌 가능하다
ⓔ 절취 대상이 영업비밀에 해당하는 경우 절취 이후에 영업비밀을 사용하여도 영업비밀 부정 사용죄는 성립하지 않는다

5. 다음 중 영업비밀보호법 위반죄에 관한 설명중 틀린 것은?
ⓐ 영업비밀보호법을 위반하는 자는 영업비밀을 취득·사용 누설하는 행위를 하고 있고, 취득·사용·누설하는 정보가 영업비밀이라는 사실에 대한 고의가 필요하다.
ⓑ 범인이 자의로 실행에 착수한 행위를 중지하거나 그 행위로 인한 결과의 발생을 방지한 때에도 형은 감경 또는 면제되지 않는다
ⓒ 실제 실행행위에 가담하지 않은 경우라도 공모행위게 가담하였다면 공동정범이 될 수 있기 때문에 주의하여야 한다
ⓓ 법원은 영업비밀의 특정과 관련하여 개괄적이라도 그 내용을 밝히고, 영업비밀인지에 대한 근거를 밝히도록 요구하고 있다
ⓔ 침해행위가 실행착수에 이르지 않은 경우에는 예비 또는 음모로 처벌한다

정답)
4. ⓔ 절도죄와 함께 영업비밀 부정사용죄가 성립함
5. ⓑ 이 경우 중지미수가 성립하며, 형이 감경 또는 면제됨

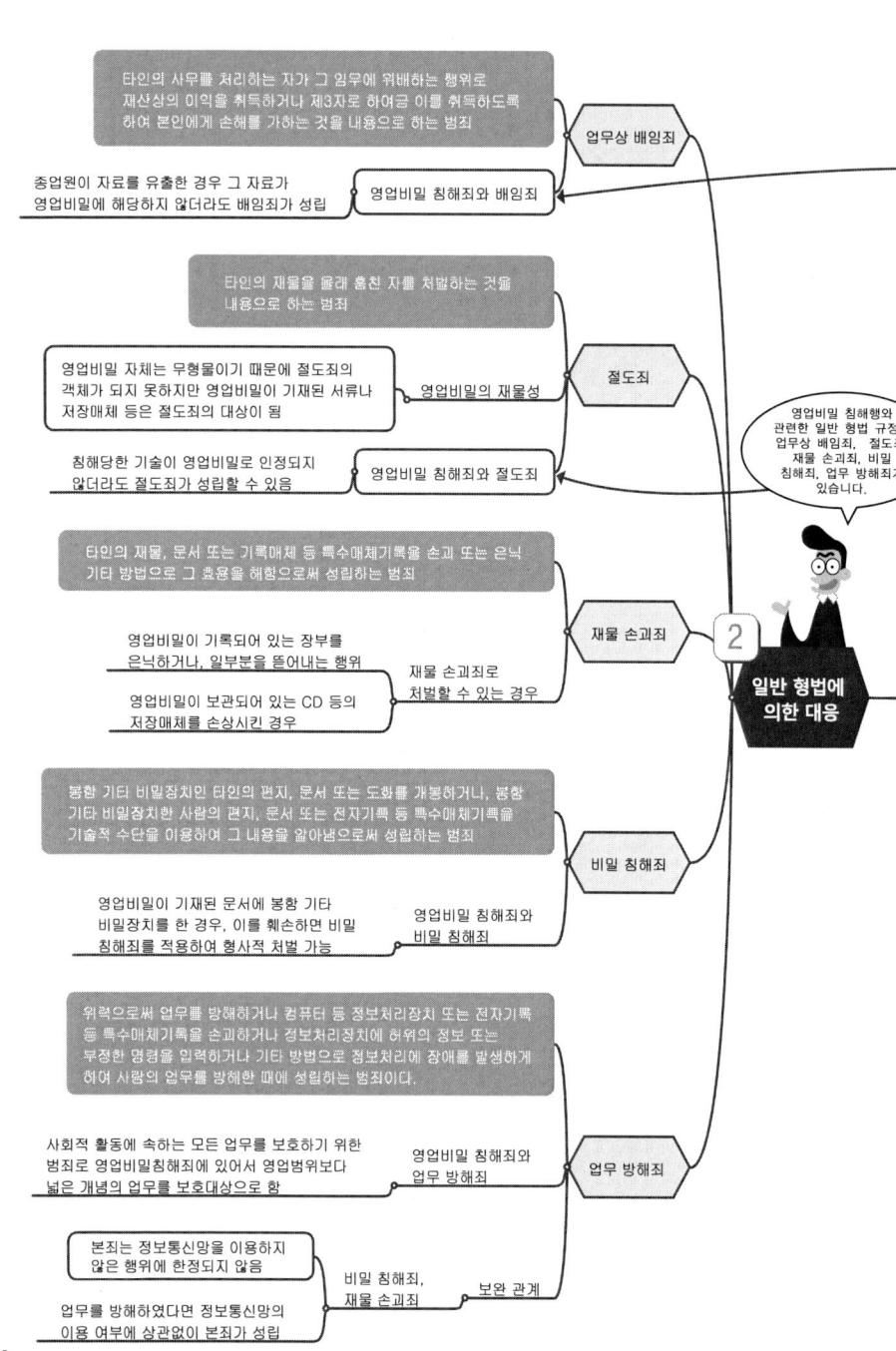

Key point
마인드맵으로 학습내용을 요점정리 하세요.

Module. 5 영업비밀 침해에 대한 형사처벌

1. 영업비밀 보호법에 의한 대응

- **침해 대상이 영업비밀이 아닌 경우**: 침해 기술이나 정보가 영업비밀에 해당하지 않거나 영업비밀임을 입증하기 매우 곤란한 경우에는 업무상 배임죄, 절도죄 등 일반 형법 규정으로 처벌할 수 있습니다.

- **형사처벌 규정의 변화**
  - 처벌 범위 확대 — 경영상 정보의 침해행위에 대하여도 형사처벌 인정
  - 처벌 대상 확대 — 현재는 처벌대상을 한정하고 있지 않음.
  - 처벌 형량 강화
    - 영업비밀을 외국에서 사용하거나 외국에서 사용될 것임을 안 경우: 10년 이하의 징역 또는 1억 원 이하의 벌금(재산상 이득액의 10배 금액이 1억원 초과 시 재산상 이득액의 2배 이상 10배 이하의 벌금)
    - 5년 이하의 징역 또는 5000만 원 이하의 벌금(재산상 이득액의 10배 금액이 5천만원 초과 시 재산상 이득액의 2배 이상 10배 이하의 벌금)
  - 미수, 예비·음모도 처벌

- **영업비밀보호법 위반죄의 구성요건**: 영업비밀 부정취득·사용·누설죄로 처벌하기 위해서는 객관적 구성요건과 주관적 구성요건이 모두 인정되어야 합니다.
  - 객관적 구성요건 — 영업비밀보호법의 위반행위는 영업비밀을 부정하게 취득·사용하거나 제3자에게 누설하는 행위
  - 주관적 구성요건
    - 고의 — 자신이 취득하는 정보가 영업비밀임을 인지
    - 부정한 이익을 얻거나 그 기업에 손해를 가할 목적

- **영업비밀보호법 위반죄와 범죄 실현 단계**
  - 예비·음모 — 침해행위가 실행착수에 이르지 않은 경우
  - 미수
    - 실행착수 이후
    - 중지미수 — 침해행위를 스스로 중지 / 형이 감경 또는 면제
  - 기수
    - 부정 취득 — 보유자를 배제한 시점
    - 부정 공개 — 부정공개의 경우에는 제3자에게 누설한 시점

- **공범**
  - 실제 실행행위에 가담하지 않은 경우라도 공모행위에 가담한 경우
  - 공동정범으로 처벌

- **기업이 영업비밀 침해행위자인 경우**
  - 양벌규정
    - 행위자 — 대리인, 사용인, 종업원
    - 법인 또는 개인

115

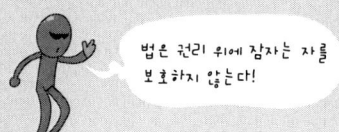

영업비밀 침해 시
분쟁해결 절차

『사례와 절차도를 통해
영업비밀 분쟁해결 절차 이해하기』

Module 6

Module 6: 영업비밀 침해 시 분쟁해결 절차

1. 분쟁방어 또는 분쟁발생 대비 증거자료 확보
2. 민사 절차
3. 영업비밀 유출 방지를 위한 조치
4. 형사 절차
5. 기소전 단계
6. 기소후 단계

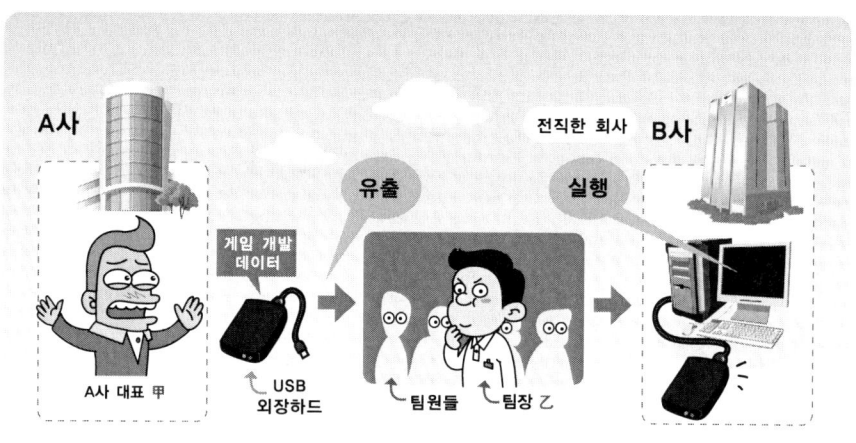

만화와 질문을 통해 학습 주제에 대하여 생각해 보세요.

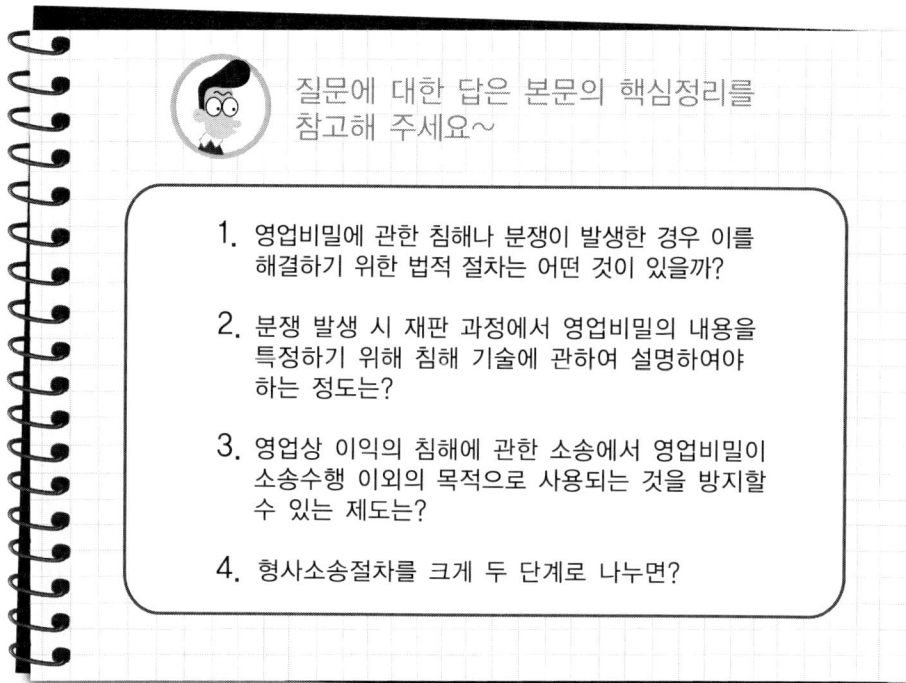

질문에 대한 답은 본문의 핵심정리를 참고해 주세요~

1. 영업비밀에 관한 침해나 분쟁이 발생한 경우 이를 해결하기 위한 법적 절차는 어떤 것이 있을까?

2. 분쟁 발생 시 재판 과정에서 영업비밀의 내용을 특정하기 위해 침해 기술에 관하여 설명하여야 하는 정도는?

3. 영업상 이익의 침해에 관한 소송에서 영업비밀이 소송수행 이외의 목적으로 사용되는 것을 방지할 수 있는 제도는?

4. 형사소송절차를 크게 두 단계로 나누면?

영업비밀 침해 시 분쟁해결 절차

Infographic

민사절차

- 증거 수집
- 소의 제기
- 재판절차
  - 소장심사
  - 피고에 소장부본 송달
  - 조정
  - 변론기일
- 판결의 선고 및 확정
- 판결불복절차(상소)
  - 항소
  - 상고

2013년 8월 A사, 영업비밀 유출 관련 65억원 손해배상 민사소송 제기.

회사의 영업비밀을 유출하고 무단으로 사용함으로써 발생한 손해액 65억원을 배상할 것을 청구합니다!
— A사 대표 甲 (원고)

가지고 나온 데이터는 영업비밀이 될 정도로 중요한 것도 아니고, 이후에 그냥 하드 디스크에 저장해 놓았을 뿐 사용하지는 않았습니다!
— 전 직원 乙 (피고)

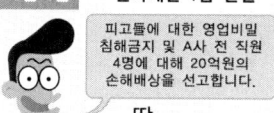

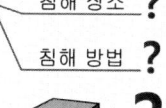

소장 → 청구취지의 특정 → 침해 일시?, 침해 장소?, 침해 방법?
소장 → 영업비밀의 특정 → ?

2015년 1월 민사재판 1심 판결

피고들에 대한 영업비밀 침해금지 및 A사 전 직원 4명에 대해 20억원의 손해배상을 선고합니다.
땅 땅
— A사 대표 甲 (원고)

금지 청구와 함께 침해물의 폐기 제거까지 청구합니다.
억울합니다. 항소하겠습니다!
— 전 직원 乙 (피고)

2016년 11월 민사재판 2심 판결

유출된 영업비밀을 폐기하고, A사의 손해배상 청구에 대해서는 무협의 선고합니다.
땅 땅

이럴 수가! 상고하겠습니다!
— A사 대표 甲 (원고)

감사합니다. 문제가 된 데이터는 삭제하겠습니다.
— 전 직원 乙 (피고)

Module 6-1 분쟁방어 또는 분쟁발생 대비 증거자료 확보

핵심 정리

영업비밀에 관한 침해나 분쟁이 발생한 경우 이를 해결하기 위한 법적 절차는 크게 민사소송과 형사소송 두 가지가 있다.

민사, 형사절차는 결국 최종적으로는 소송을 통해 구현된다. 민사소송의 경우 원고의 소송제기로 절차가 시작되는데 이때 원고는 앞서 모듈4에서 다룬 청구권을 내용으로 하는 소를 제기할 수 있다.

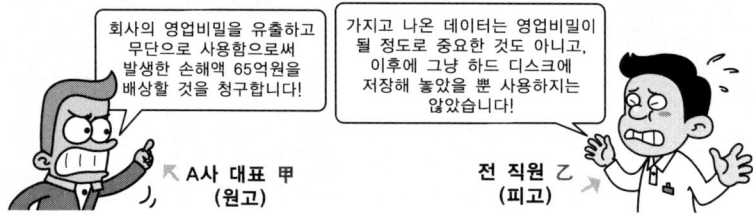

형사소송은 민사소송과 달리 검사와 피고인이 당사자가 되는 소송으로 개인이 저지른 범죄를 국가가 처벌하기 위한 소송이다. 영업비밀 침해가 발생한 후 검사가 침해자를 기소함

으로써 시작된다.

민사소송과 형사소송은 별개이며, 한쪽을 제기한다고 하여 다른 소송에 영향이 있는 것은 아니다.

 증거자료 확보

- 퇴사자에 대한 관리차원에서 퇴사자가 참여했던 프로젝트에 관한 서류 제출, 서약서 등의 관리 등 점검
- 증거확보를 위해 영업비밀이 기재된 서류 또는 전자매체 등을 보관, 열람, 복제, 반출, 폐기한 자에 대한 영업비밀 관리대장 기록
- 종업원의 ID/패스워드의 사용을 철저히 관리하고, 각 ID의 이용현황 등을 보존
- 시건장치나 출입통제시스템에 각 장치를 해제하는 자의 이력이 남는 카드키 시스템을 도입
- 영업비밀 특정 및 증명을 용이하게 하기 위한 원본증명제도 도입

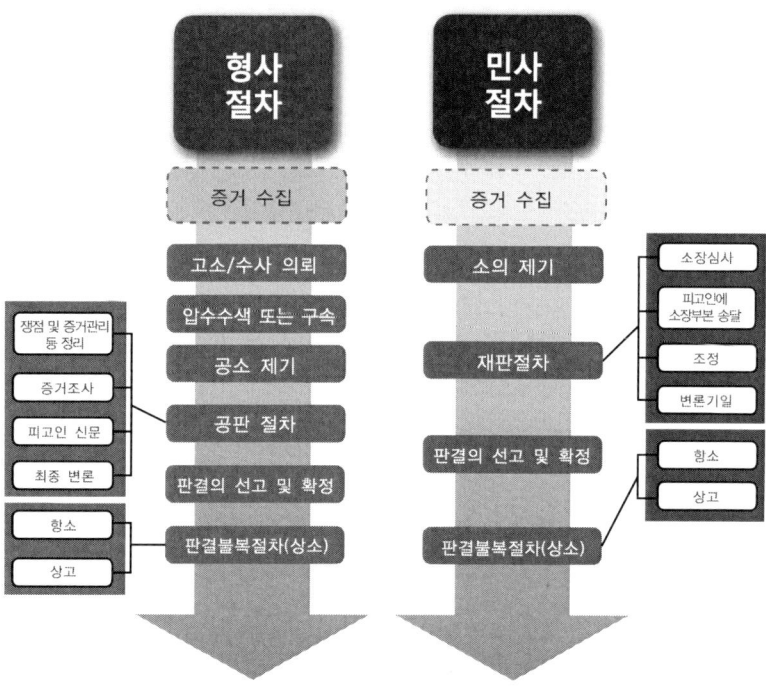

Module 6-2 민사 절차

- 소의 제기
  - 소장의 작성
  - 소장제출
  - 소송대리인
  - 소송구조제도

- 재판절차
  - 소장심사
  - 소장부본의 피고에 대한 송달
  - 변론기일
    - 변론기일의 지정
    - 변론기일의 변경
  - 변론방법
    - 답변서제출
    - 준비서면제출
    - 증거의 신청
  - 변론재개신청

- 판결의 선고 및 확정
  - 판결의 선고
  - 판결의 확정

- 판결불복절차(상소)
  - 항소
  - 상고

- 소액사건재판절차
  - 소액사건의 대상
  - 소액사건심판(재판)절차의 특징

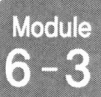 

Module 6-3 영업비밀 유출 방지를 위한 조치

영업비밀의 특정

영업비밀 침해에 대한 분쟁이 발생하는 경우 가장 먼저 침해당한 정보가 무엇인지에 대한 문제가 해결되어야 한다. 즉, 甲이 보유하고 있는 정보가 乙에 의해서 침해되었다고 하기 위해서는 그 정보가 영업비밀에 해당하는 것인지를 먼저 따져 보아야 하기 때문이다.

그런데 이러한 영업비밀의 특정은 재판과정에서 영업비밀 공개라는 새로운 문제를 낳는다. 즉, 재판은 공개재판이 원칙이므로, 재판과정에서 상대방이 영업비밀을 특정하는 경우 심리과정에서 영업비밀이 노출되어 비공지성이 상실되는 문제가 발생하기도 한다. 이러한 문제점 때문에 우리 법원은 대부분의 영업비밀 관련 사건에서 심판의 대상을 한정할 수 있고 피고의 방어권 행사에 지장이 없는 정도로 특정되었다면 영업비밀 자체의 내용이 상세하게 기재되어 있지 않더라도 특정된 것으로 보아 개괄적으로 영업비밀의 내용을 특정하는 것을 허용하고 있는 것으로 보인다[1].

> **핵심 정리**
> 법원은 영업비밀 관련 사건에서 심판의 대상을 한정할 수 있고 피고의 방어권 행사에 지장이 없다면 영업비밀 자체의 내용이 상세하게 기재되어 있지 않더라도 영업비밀의 내용이 특정된 것으로 본다.

가처분 신청

영업비밀 침해행위의 금지 및 예방 청구권에 관해서는 통상 영업비밀 보유자의 신청에 의해 법원이 제소 전후를 불문하고 본안에 관한 최종 심리 이전의 단계에서 침해 피의자에게 잠정적으로 침해금지 명령을 내리는 가처분 신청을 제기하는 경우가 많다.

가처분을 제기하면 사안이 복잡하지 않은 경우 약 2-3주 간격으로 2번 정도의 심문기일을 열어 신속하게 재판이 종결되며, 가처분이 인정되면 침해 피의자의 생산 및 판매가 중단되므로, 가처분 신청은 영업비밀 보유자에게는 매우 실효적이고, 강력한 공격수단이 될 수 있다.

---

[1] 현재 우리 법원은 "통상 근로자가 채권자 회사의 특정 업무에 종사하면서 지득한 것으로 제한하여 '...를 만드는 기술, ...의 배합비율, ...를 조절하는 기술' 정도면 영업비밀이 특정되었다고 보고, 예컨대 OO성분 00%, □□ 성분 00% 등의 구체적인 배합비율, 조절방법 등의 특정까지는 요구하지 않는다.

문서제출명령 거부

> **법률** **민사소송법 제344조(문서의 제출의무)**
> ① 다음 각호의 경우에 문서를 가지고 있는 사람은 그 제출을 거부하지 못한다.
> 1. 당사자가 소송에서 인용한 문서를 가지고 있는 때
> 2. 신청자가 문서를 가지고 있는 사람에게 그것을 넘겨 달라고 하거나 보겠다고 요구할 수 있는 사법상의 권리를 가지고 있는 때
> 3. 문서가 신청자의 이익을 위하여 작성되었거나, 신청자와 문서를 가지고 있는 사람 사이의 법률관계에 관하여 작성된 것인 때. 다만, 다음 각목의 사유 가운데 어느 하나에 해당하는 경우에는 그러하지 아니하다.
>   가. 제304조 내지 제306조에 규정된 사항이 적혀있는 문서로서 같은 조문들에 규정된 동의를 받지 아니한 문서
>   나. 문서를 가진 사람 또는 그와 제314조 각호 가운데 어느 하나의 관계에 있는 사람에 관하여 같은 조에서 규정된 사항이 적혀 있는 문서
>   다. 제315조 제1항 각호에 규정된 사항중 어느 하나에 규정된 사항이 적혀 있고 비밀을 지킬 의무가 면제되지 아니한 문서
> ② 제1항의 경우 외에도 문서(공무원 또는 공무원이었던 사람이 그 직무와 관련하여 보관하거나 가지고 있는 문서를 제외한다)가 다음 각호의 어느 하나에도 해당하지 아니하는 경우에는 문서를 가지고 있는 사람은 그 제출을 거부하지 못한다.
> 1. 제1항 제3호 나목 및 다목에 규정된 문서
> 2. 오로지 문서를 가진 사람이 이용하기 위한 문서

민사소송법 제344조에서는 문서제출의무를 부과하고 있으며, 영업비밀보호법 역시 법원은 영업비밀 침해행위로 인한 영업상 이익의 침해에 관한 소송에서 당사자의 신청에 의하여 상대방 당사자에 대하여 해당 침해행위로 인한 손해액을 산정하는데 필요한 자료의 제출을 명할 수 있도록 규정하고 있다.

그러나 문서에 기술 또는 직업의 비밀에 속하는 사항이 기재되어 있고 이를 비밀로 지킬 의무가 면제되지 않은 경우라면 민사소송법 제344조의 제1항 제3호 (다)목을 근거로 문서의 내용이 영업비밀임을 내세워 문서제출명령을 거부할 수 있다.

비밀유지명령

법률 부정경쟁방지 및 영업비밀보호에 관한 법률 제14조의4(비밀유지명령)

① 법원은 부정경쟁행위, 제3조의2 제1항이나 제2항을 위반한 행위 또는 영업비밀 침해행위로 인한 영업상 이익의 침해에 관한 소송에서 그 당사자가 보유한 영업비밀에 대하여 다음 각 호의 사유를 모두 소명한 경우에는 그 당사자의 신청에 따라 결정으로 다른 당사자(법인인 경우에는 그 대표자), 당사자를 위하여 소송을 대리하는 자, 그 밖에 해당 소송으로 인하여 영업비밀을 알게 된 자에게 그 영업비밀을 해당 소송의 계속적인 수행 외의 목적으로 사용하거나 그 영업비밀에 관계된 이 항에 따른 명령을 받은 자 외의 자에게 공개하지 아니할 것을 명할 수 있다. 다만, 그 신청 시점까지 다른 당사자(법인인 경우에는 그 대표자), 당사자를 위하여 소송을 대리하는 자, 그 밖에 해당 소송으로 인하여 영업비밀을 알게 된 자가 제1호에 규정된 준비서면의 열람이나 증거 조사 외의 방법으로 그 영업비밀을 이미 취득하고 있는 경우에는 그러하지 아니하다.
1. 이미 제출하였거나 제출하여야 할 준비서면 또는 이미 조사하였거나 조사하여야 할 증거에 영업비밀이 포함되어 있다는 것
2. 제1호의 영업비밀이 해당 소송 수행 외의 목적으로 사용되거나 공개되면 당사자의 영업에 지장을 줄 우려가 있어 이를 방지하기 위하여 영업비밀의 사용 또는 공개를 제한할 필요가 있다는 것

② 제1항에 따른 명령(이하 "비밀유지명령"이라 한다)의 신청은 다음 각 호의 사항을 적은 서면으로 하여야 한다.
1. 비밀유지명령을 받을 자
2. 비밀유지명령의 대상이 될 영업비밀을 특정하기에 충분한 사실
3. 제1항 각 호의 사유에 해당하는 사실

③ 법원은 비밀유지명령이 결정된 경우에는 그 결정서를 비밀유지명령을 받은 자에게 송달하여야 한다.
④ 비밀유지명령은 제3항의 결정서가 비밀유지명령을 받은 자에게 송달된 때부터 효력이 발생한다.
⑤ 비밀유지명령의 신청을 기각 또는 각하한 재판에 대하여는 즉시항고를 할 수 있다.

> **법률** **제18조의4(비밀유지명령 위반죄)**
> ① 국내외에서 정당한 사유 없이 제14조의4 제1항에 따른 비밀유지명령을 위반한 자는 5년 이하의 징역 또는 5천만원 이하의 벌금에 처한다.
> ② 제1항의 죄는 비밀유지명령을 신청한 자의 고소가 없으면 공소를 제기할 수 없다.

영업비밀 침해행위로 인한 영업상 이익의 침해에 관한 소송에서 법원은 그 당사자가 보유한 영업비밀에 대하여 당사자의 신청에 따라 결정으로 ①당해 영업비밀을 당해 소송의 수행 목적 이외의 목적으로 사용하는 것, ②당해 영업비밀에 관련하여 비밀유지명령을 받은 자 이외의 자에게 공개하는 것을 금지할 수 있다.

핵심 정리
비밀유지명령에 의해서 금지되는 행위는 그 영업비밀을 ①해당 소송의 계속적인 수행 외의 목적으로 사용하거나, ②비밀유지명령을 받은 자 외의 자에게 영업비밀을 공개하는 행위이다.

따라서 해당 소송수행 목적의 영업비밀 사용 행위는 비밀유지명령대상에서 제외된다. 한편, 소송수행 목적에서 당해 영업비밀을 사용하는 행위는 허용되나, 이를 비밀유지명령을 받은 자 이외의 자에게 공개하는 행위는 비밀유지명령의 대상이 되어 금지된다.

또한 비밀유지명령에 위반하여 당해 영업비밀을 사용 또는 공개한 경우에는 영업비밀 침해행위와 동일하게 보고 형사처벌의 대상이 된다.

Module 6-4 형사 절차

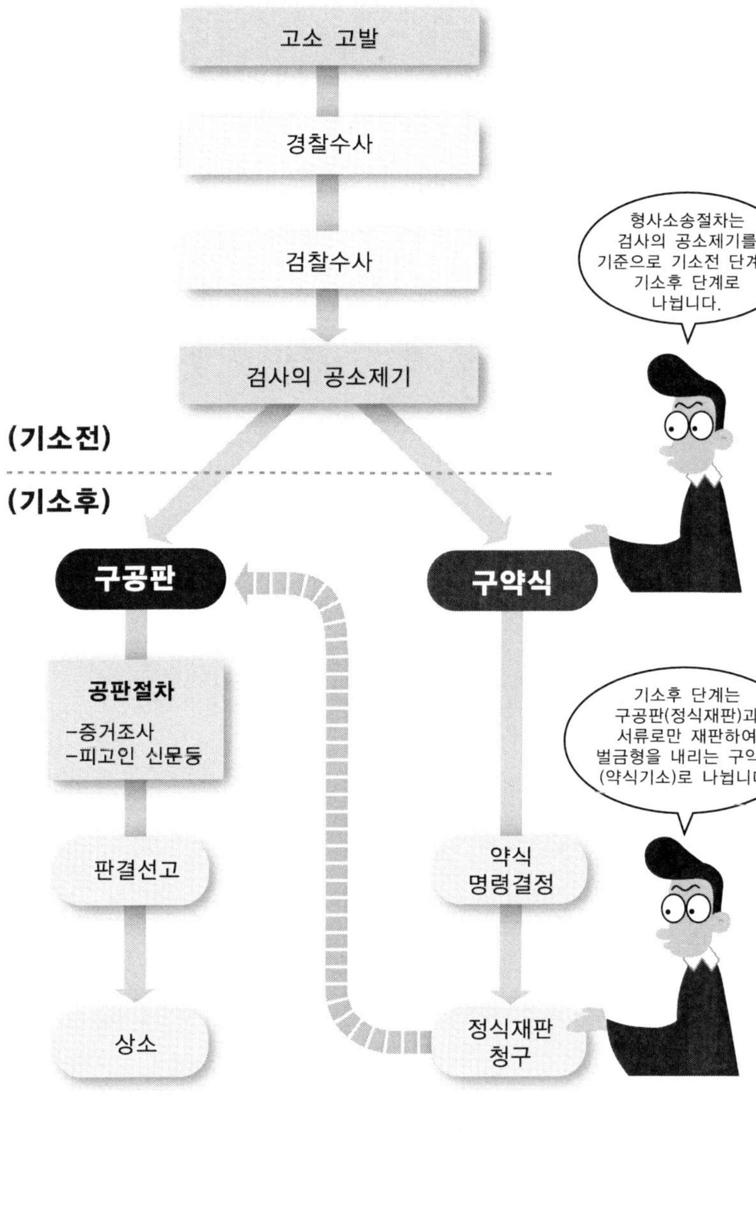

```
        고소 고발
           ↓
        경찰수사
           ↓
        검찰수사
           ↓
       검사의 공소제기
```

(기소전)
- -
(기소후)

```
    구공판              구약식
      ↓                  ↓
   공판절차          약식명령결정
   -증거조사             ↓
   -피고인 신문등    정식재판 청구
      ↓
    판결선고
      ↓
     상소
```

> 형사소송절차는 검사의 공소제기를 기준으로 기소전 단계와 기소후 단계로 나뉩니다.

> 기소후 단계는 구공판(정식재판)과 서류로만 재판하여 벌금형을 내리는 구약식(약식기소)로 나뉩니다.

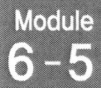 **기소전 단계**

고소·고발

1. 고소

고소는 피해자나 법률이 정한 고소권을 가진 사람이 수사기관에 범죄사실을 신고하여 범인의 처벌을 구하는 의사표시이다. 고소권 없는 자의 고소는 고소로서의 효력이 없다. 고소권자는 다음과 같다.

- 피해자
- 피해자의 법정대리인
- 피해자의 배우자·친족
- 지정 고소권자

고소는 서면 또는 구술로 검사 또는 사법경찰관에게 하고(형사소송법 제237조제1항), 대리인을 통해 할 수도 있다(형사소송법 제236조). 사법경찰관이 고소를 받은 때에는 신속히 조사하여 관계 서류와 증거물을 검사에게 송부하여야 하며(형사소송법 제238조), 구술에 의한 고소를 한 때에는 검사 또는 사법 경찰관이 조서를 작성하여야 한다(형사소송법 제237조제2항).
고소는 수사개시의 단서가 되며 친고죄의 경우 소송조건이 되기 때문에 고소가 없는 경우 검사는 공소를 제기할 수 없다.

2. 고발

고발은 고소권이 없는 제3자가 범죄사실을 수사기관에 신고하는 것이다. 예를 들어 甲이 乙의 영업비밀을 부정취득한 경우 피해자인 乙 외에 乙의 관련 업체인 丙이 甲을 영업비밀보호법 위반으로 신고하면 고소가 아닌 고발이 되는 것이다.

고발도 고소와 마찬가지로 서면 또는 구술로 검사 또는 사법경찰관에게 해야 한다(형사소송법 제237조제1항), 사법경찰관이 고발을 받은 때에는 신속히 조사하여 관계 서류와 증거물을 검사에게 송부해야 하고(형사소송법 제238조). 검사 또는 사법경찰관이 구술에 의한 고발을 받은 때에는 조서를 작성하여야 한다(형사소송법 제237조제2항).

3. 진정

진정이란 국가 또는 지방자치단체 기타 공적 기관에 대하여 국민이 자신의 사정을 진술하고 어떤 조처를 취하여 주도록 요청하는 행위이다.

 수사(경찰수사와 검찰수사)

수사(搜査)란 범죄의 혐의 유무를 명백히 하여 공소의 제기와 유지 여부를 결정하기 위하여 범인을 발견·확보하고 증거를 수집·보전하는 수사기관의 활동을 말한다[2]. 보통 영업비밀 침해 사건이 발생하면 경찰이 먼저 수사를 한 후 수사 기록과 증거물품을 검찰에 송치한다. 검찰은 경찰이 송치한 수사기록과 증거물품을 검토한 후 피의자(침해자)를 기소 또는 불기소를 결정한다.

이처럼 수사는 공소제기 전에 하는 것이 일반적이나 공소제기 후에도 공소유지를 위해서, 또는 공소유지 여부를 결정하기 위해서 이루어지기도 한다.

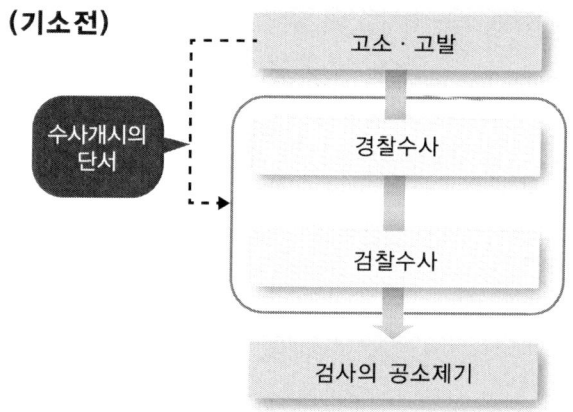

---

[2] 이재상, 신형사소송법 제2판, 박영사, p. 179

Module 6-6 기소후 단계

 검사의 기소(공소의 제기)

검사가 사건의 경중을 판단하여 법원의 정식재판에 넘기는 것을 구공판(정식기소)라고 한다.

사건을 정식재판에 넘기지 않고 서류로만 재판하여 벌금형으로 처리해 달라고 하는 것을 구약식(약식기소)이라고 하는데, 검사가 약식명령을 청구하면 판사는 약식명령을 내리거나 통상의 공판절차에 회부하여 재판할 수 있다.

약식명령에 불복이 있는 사람은 약식명령의 고지를 받은 날로부터 일정기간 이내에 약식명령을 한 법원에 서면으로 정식재판을 청구할 수 있으며, 이 경우 일반적인 형사절차에 따라 공판절차가 진행되고, 그에 따라 판결을 받게 된다.

(기소후)

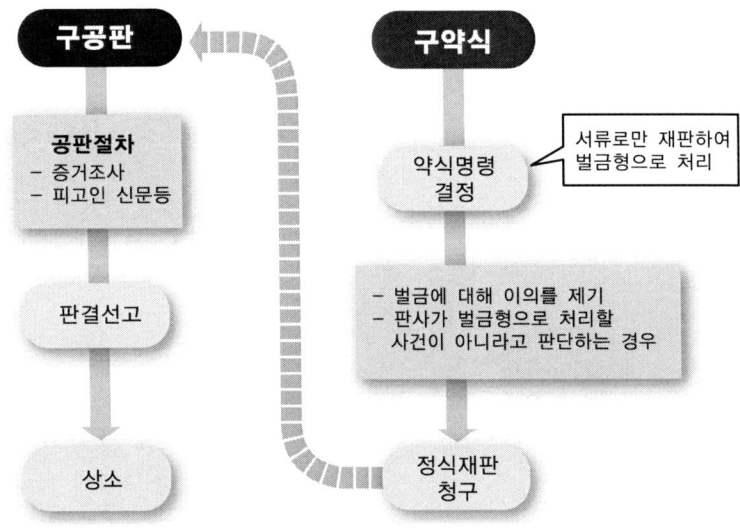

공소사실의 특정

영업비밀 침해행위에 대한 형사적 대응과정에서 발생하는 문제 중에 하나가 공소사실의 특정이다. 영업비밀은 무체물이기 때문에 취득이나 그 사용 여부를 파악하기가 어렵고, 실제 영업비밀 침해 범죄의 일시·장소·방법을 명시하여 공소 사실을 특정하는 것은 쉬운 일이 아니다.

또한 범죄의 대상인 영업비밀의 특정 역시 쉬운 작업이 아니다. 단순히 영업비밀이라고 주장하면서 일정 정보에 대한 목록만을 제시하는 것으로는 영업비밀로서의 특정은 불충분하며, 왜 그 정보가 영업비밀에 해당하는지에 대한 입증까지도 해야 하기 때문이다. 법원은 영업비밀의 특정과 관련하여 개괄적이라도 그 내용을 밝히고, 영업비밀인지에 대한 근거를 밝히도록 요구하고 있다[3].

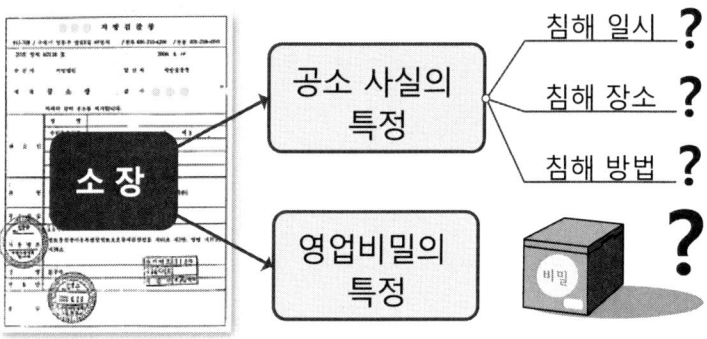

---

3) 공소사실이 피고인이 피해 회사에 근무하는 동안 담당하였던 업무내용을 나열한 것에 불과하고 구체적으로 각 업무내용과 관련하여 어떠한 기술적 정보나 자료가 영업비밀에 해당하는지 전혀 특정되어 있지 아니하며, 또한 영업비밀이 제3자에게 어떠한 용도에 사용되었는지도 구체적으로 적시되어 있지 아니하므로, 이 부분은 공소사실이 특정되었다고 할 수 없다(서울중앙지방법원 2005고단1248 판결).

일반용
Module Quiz

1. 다음 중 민사절차의 과정이 아닌 것은?
  ⓐ 소의 제기
  ⓑ 소장심사
  ⓒ 판결불복 절차
  ⓓ 검사의 공소 제기

2. 다음 중 고소권자가 아닌 사람은?
  ⓐ 피해자
  ⓑ 피해자의 법정대리인
  ⓒ 피해자의 배우자·친족
  ⓓ 피해자의 동료

3. 다음 중 기소전 단계가 아닌 것은?
  ⓐ 고소·고발
  ⓑ 공판절차
  ⓒ 검찰수사
  ⓓ 검사의 공소제기

정답)
 1. ⓓ 검사의 공소 제기는 형사 절차의 과정임
 2. ⓓ 피해자의 동료는 고소권이 없는 제3자로 고발을 할 수 있을 뿐임
 3. ⓑ 공판절차는 기소후 단계임

담당자용
Module Quiz

4. 다음 설명 중 틀린 것은?
ⓐ 전직금지청구의 경우 우리법원이 인정하는 경우는 당사자 간의 전직 또는 경업금지의 약정이 있고 그 약정 내용과 금지기간에 합리성이 인정되어 전직금지약정이 유효한 경우와 전직한 회사에서 영업비밀과 관련된 업무에 종사하는 것을 금지하지 않고서는 회사의 영업비밀을 보호할 수 없다고 인정되는 경우에 인정된다
ⓑ 영업비밀 분쟁이 발생하는 경우 영업비밀보유자는 침해금지 및 예방청구, 손해배상, 신용회복청구 등을 청구할 수 있다
ⓒ 형사소송은 검사와 피고인이 당사자가 되는 소송으로 개인이 저지른 범죄를 국가가 처벌하기 위한 소송으로 영업비밀 침해가 발생한 시점에서부터 시작되며, 이는 영업비밀 보유자의 고소가 없는 경우에도 가능하다
ⓓ 영업비밀 침해에 대해 침해금지를 청구하는 경우 침해행위를 조성한 물건의 폐기, 침해행위에 제공된 설비의 제거 기타 침해해위의 금지 또는 예방을 위하여 필요한 조치를 함께 청구할 수 있다
ⓔ 법원은 고의 또는 과실에 의한 영업비밀 침해행위로 영업비밀 보유자의 영업상의 신용을 실추하게 한 자에 대하여는 영업비밀 보유자의 청구에 의하여 제11조의 규정에 의한 손해배상에 갈음하거나 손해배상과 함께 영업상의 신용회복을 위하여 필요한 조치를 명할 수 있다

5. 형사소송절차에 대한 설명이다. 틀린 것을 고르시오.
ⓐ 기소전 단계란 검사의 구속영장청구부터 공소제기까지의 단계로서 검사의 구속영장 청구, 청구된 구속영장에 대한 실질심사, 체포 또는 구속의 적법여부에 대한 구속적부심사청구가 있다
ⓑ 검사의 구속영장 청구 및 구속영장 실질심사에서 구속영장이 발부되거나 구속적부심사청구가 기각되면 피의자의 구속 상태는 유지되지만 구속영장이 발부되지 않거나 구속영장 실질심사에서 구속영장의 기각 및 구속적부심사청구가 인영되면 피의자는 석방된다
ⓒ 기소후 단계는 검사의 청구에 따라 구공판과 구약식으로 나누어지고, 임의절차로서 공판준비절차가 마련되어 있으며 이상의 절차를 마친 후 변론종결과 판결선고까지를 포함한다
ⓓ 검사가 약식명령을 청구하면 판사는 약식명령을 발령하거나 통상의 공판절차에 회부하여 재판할 수 있다. 약식명령에 불복이 있는 사람은 약식명령의 고지를 받은 날로부터 일정기간 이내에 약식명령을 한 법원에 서면으로 정식재판을 청구할 수 있으며, 이 경우 약식명령의 연장선상에서 기존 약식명령에 구속되어 심판을 계속하게 된다
ⓔ 공판절차는 재판장의 진술거부권 고지 및 인정신문, 모두진술, 쟁점 및 증거관리 등 정리, 피고인이 공소사실을 부인하는 경우 증거조사 실시, 공소사실을 인정할 경우 간이공판절차 회부, 피고인 신문, 최종변론, 변론종결, 선고의 단계를 거치게 된다

정답)
4. ⓒ 영업비밀 침해가 발생한 후 검사가 침해자를 기소함으로써 시작됨
5. ⓓ 서면으로 정식재판을 청구한 경우 일반적인 형사절차에 따라 공판절차가 진행됨

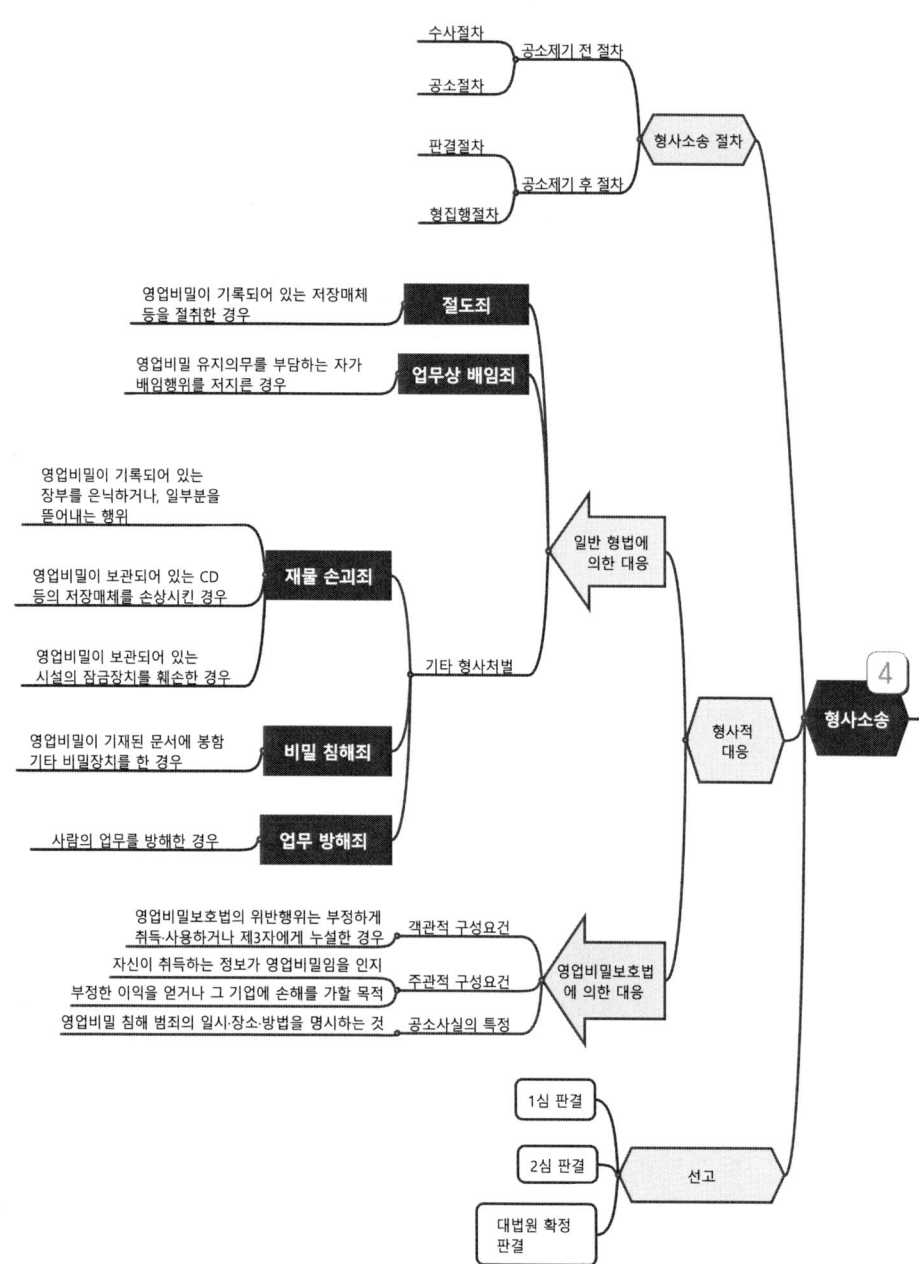

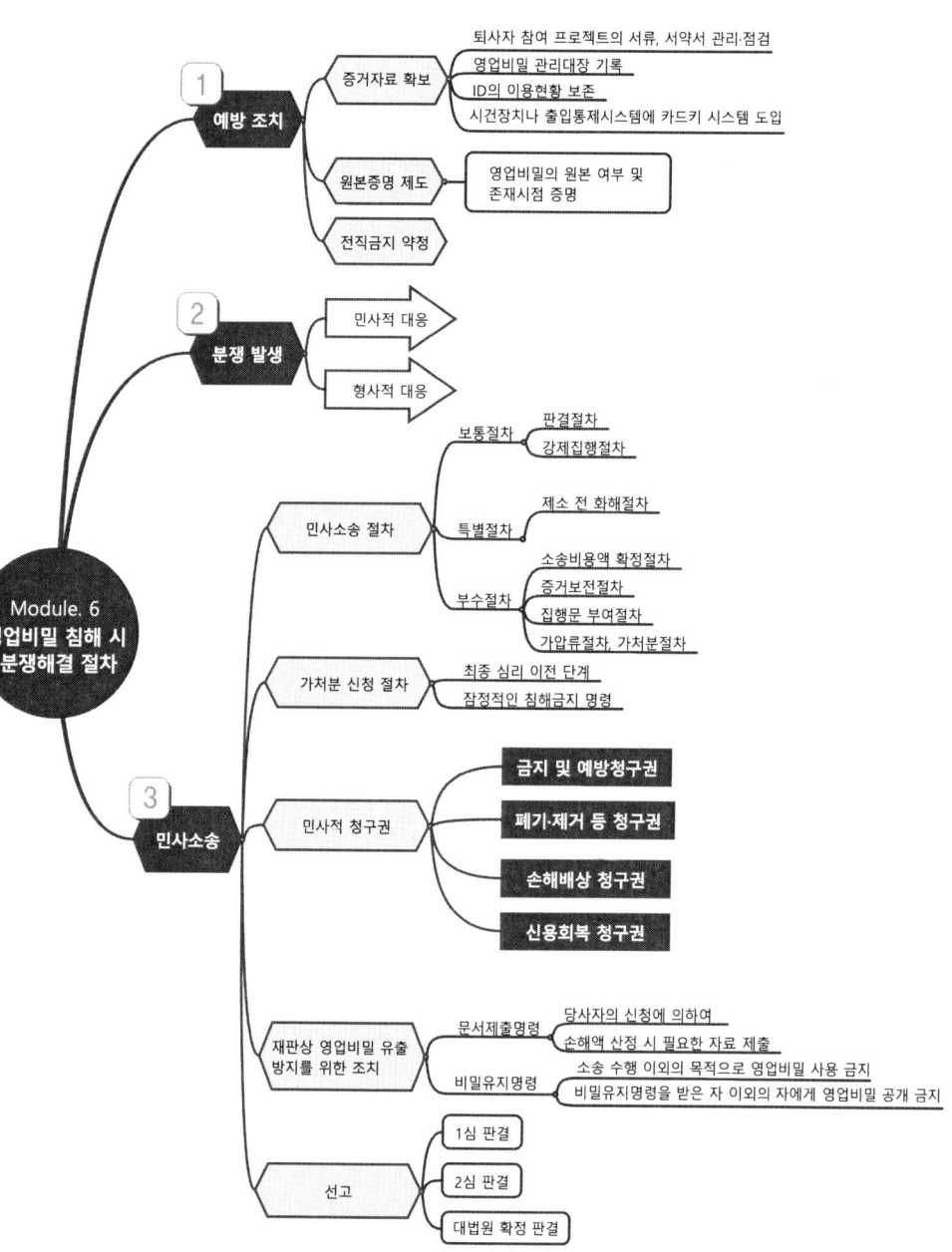

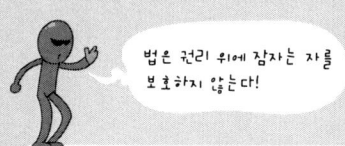

기타 법률

『산업기술의 유출방지 및 보호에 관한 법률 등, 영업비밀 관련 기타 법률의 보호 범위 및 금지행위 이해』

Module 7

 **기타 법률**

1. 산업기술의 유출방지 및 보호에 관한 법률

2. 정보통신망 이용촉진 및 정보보호 등에 관한 법률

3. 특정경제범죄 가중처벌 등에 관한 법률

4. 하도급거래 공정화에 관한 법률

5. 중소기업기술 보호 지원에 관한 법률

6. 방위산업기술 보호법

만화와 질문을 통해 학습 주제에 대하여 생각해 보세요.

질문에 대한 답은 본문의 핵심정리를 참고해 주세요~

1. 산업기술보호법의 제정 목적은?

2. 영업비밀보호법, 산업기술보호법의 보호 대상과 금지행위 유형의 차이점은?

3. 외국에서 사용하거나 사용되게 할 목적으로 산업기술 침해행위를 행한 경우 가중 처벌 내용은?

4. '특정경제범죄가중처벌 등에 관한 법률' 위반죄를 적용하기 위해 필요한 요건은?

▶Infographic

기타 법률

산업기술보호법

산업기술 보호 관련 기존 법률의 한계	기존 형법상 처벌 규정의 한계	절도죄, 배임죄 등은 유출행위에 대한 처벌 규정
		기술 자체에 대한 보호는 미흡
	영업비밀보호법의 한계	영업비밀 요건 해당 여부 판단 어려움
		재판 등의 구제절차 시 비공지성 상실의 위험이 있음
		민간기업의 영업비밀만을 대상으로 함 (2013.7.30. 법개정 전)
		국가적 차원에서 기술 보호 대처 미흡

영업비밀 보호와 관련한 기타 법률로 영업비밀보호법과 산업기술보호법 외에 다음과 같은 법률이 있습니다.
- 정보통신망 이용촉진 및 정보보호 등에 관한 법률
- 특정경제범죄가중처벌 등에 관한 법률
- 하도급거래 공정화에 관한 법률
- 중소기업기술보호법
- 방위산업기술 보호법

영업비밀보호법, 산업기술보호법 비교

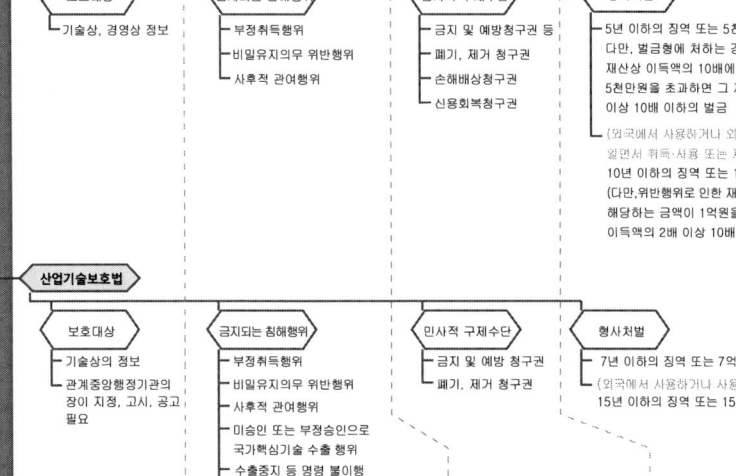

영업비밀보호법

- 보호대상
  - 기술상, 경영상 정보
- 금지되는 침해행위
  - 부정취득행위
  - 비밀유지의무 위반행위
  - 사후적 관여행위
- 민사적 구제수단
  - 금지 및 예방청구권 등
  - 폐기, 제거 청구권
  - 손해배상청구권
  - 신용회복청구권
- 형사처벌
  - 5년 이하의 징역 또는 5천만원 이하의 벌금 다만, 벌금형에 처하는 경우 위반행위로 인한 재산상 이득액의 10배에 해당하는 금액이 5천만원을 초과하면 그 재산상 이득액의 2배 이상 10배 이하의 벌금
  - (외국에서 사용하거나 외국에서 사용될 것임을 알면서 취득·사용 또는 제3자에게 누설 한 때) 10년 이하의 징역 또는 1억원 이하의 벌금 (다만, 위반행위로 인한 재산상 이득액의 10배에 해당하는 금액이 1억원을 초과하면 그 재산상 이득액의 2배 이상 10배 이하의 벌금)

산업기술보호법

- 보호대상
  - 기술상의 정보
  - 관계중앙행정기관의 장이 지정, 고시, 공고 필요
- 금지되는 침해행위
  - 부정취득행위
  - 비밀유지의무 위반행위
  - 사후적 관여행위
  - 미승인 또는 부정승인으로 국가핵심기술 수출 행위
  - 수출중지 등 명령 불이행 행위
  - 국가핵심기술을 보유하는 대상기관의 미신고, 부정신고 해외인수 합병 행위
  - 산업기술에 관한 문서등의 반환 요구 및 산업기술 삭제 요구 불응 행위 (2015.1.28.신설)
- 민사적 구제수단
  - 금지 및 예방 청구권
  - 폐기, 제거 청구권
- 형사처벌
  - 7년 이하의 징역 또는 7억원 이하의 벌금
  - (외국에서 사용하거나 사용되게 할 목적) 15년 이하의 징역 또는 15억원 이하의 벌금

Infographic

기존 형법의 처벌 규정과 영업비밀보호법만으로 산업기술을 보호하는 것은 한계가 있기 때문에 영업비밀 해당성 판단율 간소화하고, 국가의 적극적인 지정 및 고시를 통하여 보호 기술 범위를 확장하고, 국가 차원에서 기업의 기술개발 활동을 지원하고 보호하기 위하여 산업기술보호법이 제정되었습니다.

산업기술보호법 제정의 필요성

- 영업비밀 해당성 판단 과정 간소화
- 국가의 적극적인 지정 및 고시를 통하여 보호 기술 범위 확장
- 국가주의적 차원에서 기업의 기술개발활동을 지원 및 보호

산업기술보호법 법적용 대상

제품 또는 용역의 개발·생산·보급 및 사용에 필요한 것	유형	
	무형	
방법 내지 기술상의 정보일 것	영업비밀보호법은 경영상 정보까지 포함	
관계 중앙행정기관의 지정, 고시·공고가 있을 것		
법률이 규정하는 바에 따라 지정할 것	기술의 보호를 목적으로 하는 개별 산업 관련 법령에 따름	
국가핵심기술	강화된 벌칙을 규정	

기타 법률

정보통신망 이용촉진 및 정보보호 등에 관한 법률 (정보보호법)

금지행위의 유형
- 정당한 접근 권한 없이 정보통신망에 침입
- 정당한 사유 없이 정보통신 시스템, 데이터 또는 프로그램 등을 훼손·멸실·변경·위조하는 행위
- 그 운용을 방해할 수 있는 프로그램을 전달 또는 유포하는 행위
- 정보통신망에 의하여 처리·보관 또는 전송되는 타인의 비밀을 침해·도용 또는 누설하는 행위

법적용 대상
- 침해 대상이 영업비밀일 것을 요구하지는 않음

특정경제범죄 가중처벌 등에 관한법률(특경법)

가중처벌 대상 (제3조)	사기	형법 제347조
	공갈	형법 제350조
	사기 공갈죄의 상습범	
	횡령·배임	형법 제355조
	업무상 횡령과 배임	형법 제356조
벌칙	이득액이 50억원 이상일 때	무기 또는 5년 이상의 징역
	이득액이 5억원 이상 50억원 미만일 때	3년 이상의 유기징역
	이득액 이하에 상당하는 벌금을 병과할 수 있음	

하도급거래 공정화에 관한 법률(하도급법)

금지행위의 유형 (하도급법 제12조의3)
- 수급사업자의 기술자료를 본인 또는 제3자에게 제공하도록 요구하는 행위
  단, 원사업자가 정당한 사유를 입증한 경우에는 요구할 수 있음
- 원사업자가 취득한 기술자료를 자기 또는 제3자를 위하여 유용하는 행위

Module 7-1 산업기술의 유출방지 및 보호에 관한 법률

제정 목적 및 배경

 **핵심 정리**
산업기술보호법은 국가가 지정·고시한 기술에 대한 해외유출을 방지하고, 이에 대한 형사처벌을 강화하는 것을 내용으로 하고 있다.

산업기술보호법 이전에도 형법이나 영업비밀보호법 같은 기술유출 행위나 기술침해 행위에 대응하기 위한 법률이 존재하였다. 하지만 형법상 절도죄나 배임죄는 특정한 침해행위를 대상으로 한 것에 불과하여 기술 자체에 대한 보호에 한계가 있었고 영업비밀보호법은 해당 기술이 영업비밀임을 입증하다 오히려 비공지성을 상실할 수 있는 문제점과 영업비밀 침해 대응 여부를 해당 기술 보유 기업의 판단에 맡겨야 한다는 문제점이 있었다.

산업기술 보호 관련 기존 법률의 한계	기존 형법상 처벌 규정의 한계	절도죄, 배임죄 등은 유출행위에 대한 처벌 규정
		기술 자체에 대한 보호는 미흡
	영업비밀보호법의 한계	영업비밀 요건 해당 여부 판단 어려움
		재판 등의 구제절차 시 비밀성 상실의 위험이 있음
		민간기업의 영업비밀만을 대상으로 함(2013.7.30.법개정 전)
		국가적 차원에서 기술 보호 대처 미흡

이에 기존 법률의 한계를 극복하고, 적극적인 지정 및 고시를 통하여 보호 기술범위를 확장하고, 영업비밀 해당성이라는 어려운 판단 과정을 간소화 하기 위하여 산업기술보호법을 제정하게 되었다. 산업기술보호법은 국가주의적 차원에서 기술개발활동을 지원 및 보호하는 측면이 있는 법률이며 산업기술 유출 방지를 위한 보안기술의 개발이나 보안의식의 확대를 위한 제도적 지원대책의 필요성에서 제정되었다고 할 수 있다.

산업기술보호법 제정의 필요성	영업비밀 해당성 판단 과정 간소화
	국가의 적극적인 지정 및 고시를 통하여 보호 기술범위 확장
	국가주의적 차원에서 기업의 기술개발활동을 지원 및 보호

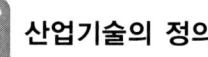
산업기술의 정의

산업기술은 용어 그대로 이해한다면 산업에 이용 가능한 기술 또는 산업적으로 활용할 수 있는 기술 등으로 볼 수 있고 농업, 목축업, 임업, 수산업, 공업, 서비스업 등 다양한 생산활동에서 자연의 사물을 인간 생활에 유용하도록 가공하는 수단으로 정의할 수 있다.

그러나 법률상 산업기술은 개별 법률의 제정목적에 따라 정의되며, 산업기술보호법은 '제품 또는 용역의 개발·생산·보급 및 사용에 필요한 제반 방법 내지 기술상의 정보 중에서 관계 중앙행정기관의 장이 소관분야의 산업경쟁력 제고 등을 위하여 법령이 규정한 바에 따라 지정 또는 고시·공고하는 기술로서 아래의 요건에 해당하는 것'이라고 정의하고 있다.

> **법률** 산업기술보호법 제2조 제1호
>
> "산업기술"이라 함은 제품 또는 용역의 개발·생산·보급 및 사용에 필요한 제반 방법 내지 기술상의 정보 중에서 행정기관의 장(해당 업무가 위임 또는 위탁된 경우에는 그 위임 또는 위탁받은 기관이나 법인·단체의 장을 말한다)이 산업경쟁력 제고나 유출방지 등을 위하여 이 법 또는 다른 법률이나 이 법 또는 다른 법률에서 위임한 명령(대통령령·총리령·부령에 한정한다. 이하 이 조에서 같다)에 따라 지정·고시·공고·인증하는 다음 각 목의 어느 하나에 해당하는 기술을 말한다.
> 가. 제9조에 따라 고시된 국가핵심기술
> 나. 「산업발전법」 제5조에 따라 고시된 첨단기술의 범위에 속하는 기술
> 다. 「산업기술혁신 촉진법」 제15조의2에 따라 인증된 신기술
> 라. 「전력기술관리법」 제6조의2에 따라 지정·고시된 새로운 전력기술
> 마. 「환경기술 및 환경산업 지원법」 제7조에 따라 인증된 신기술
> 바. 「건설기술 진흥법」 제14조에 따라 지정·고시된 새로운 건설기술
> 사. 「보건의료기술 진흥법」 제8조에 따라 인증된 보건신기술
> 아. 「뿌리산업 진흥과 첨단화에 관한 법률」 제14조에 따라 지정된 핵심 뿌리기술
> 자. 그 밖의 법률 또는 해당 법률에서 위임한 명령에 따라 지정·고시·공고·인증하는 기술 중 산업통상자원부장관이 관보에 고시하는 기술

보호 요건

산업기술보호법은 영업비밀에 한정하지 않고, 그 보호범위를 확장하고 있으며, 그 효과 역시 다른 차원을 갖는다.

1. 제품 또는 용역의 개발·생산·보급 및 사용에 필요한 것
산업기술보호법에서 보호하는 산업기술은 제품 또는 용역의 개발·생산·보급 및 사용에 필요한 것이어야 한다. 즉, 유형의 제품을 개발·생산·보급·사용하기 위하여 필요한 기술뿐만 아니라, 무형의 서비스를 제공하는데 필요한 기술도 포함한다.

2. 방법 내지 기술상의 정보일 것
산업기술보호법으로 보호하기 위해서는 반드시 기술적 정보여야 한다. 이러한 점에서 경영상 정보까지 보호대상에 포함하는 영업비밀보호법과 구분된다.

3. 관계 중앙행정기관의 지정 기술
산업기술보호법상 보호 기술은 관계 중앙행정기관의 장이 소관 분야의 산업경쟁력 제고 등을 위하여 법령이 규정한 바에 따라 지정 또는 고시·공고하는 기술이어야 한다. 즉, 제품 또는 용역의 개발·생산·보급 및 사용에 필요한 제반 방법 내지 기술상의 정보라고 하여 모든 기술이 산업기술보호법으로 보호받는 것은 아니며, 보호대상 기술로 지정 또는 고시·공고되어야 한다.

국가핵심기술

산업기술보호법은 산업기술이라는 개념 이외에 국가핵심기술을 별도로 정의하고 있다. 여기서 '국가핵심기술'이라 함은 국내외 시장에서 차지하는 기술적·경제적 가치가 높거나 관련 산업의 성장잠재력이 높아 해외로 유출될 경우에 국가의 안전보장 및 국민경제의 발전에 중대한 악영향을 줄 우려가 있는 기술로서 산업기술보호법 제9조의 규정에 따라 지정된 산업기술이다. 국가핵심기술 침해에 대하여는 강화된 벌칙을 규정하고 있다.

금지행위 유형과 벌칙

1. 금지행위 유형
산업기술보호법 제14조에서는 산업기술 유출 및 침해행위 유형을 규정하고 있다. 산업기술보호법이 정하고 있는 산업기술 유출·침해행위 유형은 영업비밀보호법과 유사한 구조를 취하고 있다.
 즉, 부정한 방법으로 산업기술의 취득 또는 비밀유지의무자에 의한 산업기술의 유출·공개 등을 전제로, 고의 또는 중과실에 의한 침해기술의 취득 등에 대하여 규정하고 있는데 이를 열거하면 ① 산업기술의 부정취득·사용·공개, ② 산업기술의 부정유출·사용·공개·제3자 제공, ③ 고의 또는 중과실에 의한 침해기술의 취득, ④ 사위행위 및 명령불이행이다.
 나아가 기존법은 비밀유지의무가 있는 자가 산업기술을 외부로 유출하거나 사용 또는 공개하는 등 산업기술 보유기관에 피해가 발생한 경우를 중심으로 범죄구성요건을 설정하고 있어 피해 발생 전의 예방적 보호조치에는 한계가 있다는 지적에 따라, 2015년 개정법은 산업기술에 관한 문서 등의 반환 요구 및 산업기술 삭제 요구 불응 금지 행위를 신설하였다(6의2).

> **법률** 산업기술보호법 제14조
>
> 누구든지 다음 각 호의 어느 하나에 해당하는 행위를 하여서는 아니 된다.
>
> 1. 절취·기망·협박 그 밖의 부정한 방법으로 대상기관의 산업기술을 취득하는 행위 또는 그 취득한 산업기술을 사용하거나 공개(비밀을 유지하면서 특정인에게 알리는 것을 포함한다. 이하 같다)하는 행위
> 2. 제34조의 규정 또는 대상기관과의 계약 등에 따라 산업기술에 대한 비밀유지의무가 있는 자가 부정한 이익을 얻거나 그 대상기관에게 손해를 가할 목적으로 유출하거나 그 유출한 산업기술을 사용 또는 공개하거나 제3자가 사용하게 하는 행위
> 3. 제1호 또는 제2호의 규정에 해당하는 행위가 개입된 사실을 알고 그 산업기술을 취득·사용 및 공개하거나 산업기술을 취득한 후에 그 산업기술에 대하여 제1호 또는 제2호의 규정에 해당하는 행위가 개입된 사실을 알고 그 산업기술을 사용하거나 공개하는 행위
> 4. 제1호 또는 제2호의 규정에 해당하는 행위가 개입된 사실을 중대한 과실로 알지 못하고 그 산업기술을 취득·사용 및 공개하거나 산업기술을 취득한 후에 그 산업기술에 대하여 제1호 또는 제2호의 규정에 해당하는 행위가 개입된 사실을 중대한 과실로 알지 못하고 그 산업기술을 사용하거나 공개하는 행위
> 5. 제11조제1항의 규정에 따른 승인을 얻지 아니하거나 부정한 방법으로 승인을 얻어 국가핵심기술을 수출하는 행위
> 6. 국가핵심기술을 외국에서 사용하거나 사용되게 할 목적으로 제11조의2제1항 및 제2항에 따른 신고를 하지 아니하거나 거짓이나 그 밖의 부정한 방법으로 신고를 하고서 해외인수·합병등을 하는 행위
> 6의2. 제34조 또는 대상기관과의 계약 등에 따라 산업기술에 대한 비밀유지의무가 있는 자가 산업기술에 대한 보유 또는 사용 권한이 소멸됨에 따라 대상기관으로부터 산업기술에 관한 문서, 도화(圖畵), 전자기록 등 특수매체기록의 반환이나 산업기술의 삭제를 요구받고도 부정한 이익을 얻거나 그 대상기관에 손해를 가할 목적으로 이를 거부 또는 기피하거나 그 사본을 보유하는 행위
> 7. 제11조제5항·제7항 및 제11조의2제3항·제5항에 따른 산업통상자원부장관의 명령을 이행하지 아니하는 행위

2. 침해 신고

국가핵심기술 및 국가연구개발사업으로 개발한 산업기술을 보유한 대상기관의 장은 산업기술 유출·침해 행위가 발생할 우려가 있거나 발생한 때에는 즉시 산업통상자원부장관 및 정보수사기관의 장에게 그 사실을 신고하여야 하고, 필요한 조치를 요청할 수 있다. 또한 산업통상자원부장관 및 정보수사기관의 장은 대상기관의 요청을 받은 경우 또는 산업기술의 유출·금지행위를 인지한 경우에는 그 필요한 조치를 하여야 한다.

> **법률** **산업기술보호법 제15조(산업기술 침해신고 등)**
>
> ① 국가핵심기술 및 국가연구개발사업으로 개발한 산업기술을 보유한 대상기관의 장은 제14조 각 호의 어느 하나에 해당하는 행위가 발생할 우려가 있거나 발생한 때에는 즉시 산업통상자원부장관 및 정보수사기관의 장에게 그 사실을 신고하여야 하고, 필요한 조치를 요청할 수 있다.

3. 벌칙

> **핵심 정리**
> 산업기술보호법은 침해행위가 외국에서 사용하거나 사용되게 할 목적으로 이루어진 경우와 그렇지 않은 경우로 나누어 처벌하고 있다.

산업기술보호법의 벌칙 규정을 살펴 보면 침해행위가 있는 경우에는 7년 이하의 징역 또는 7억원 이하의 벌금에 처하도록 하는 가운데, 외국에서 사용하거나 사용되게 할 목적으로 산업기술 침해행위를 한 자는 15년 이하의 징역 또는 15억원 이하의 벌금에 처하도록 가중하고 있다. 다만, 침해행위가 개입된 사실을 중대한 과실로 알지 못하고 그 산업기술 취득·사용 및 공개하거나 산업기술을 취득한 후에 그 산업기술에 대하여 침해행위가 개입된 사실을 중대한 과실로 알지 못하고 그 산업기술을 사용하거나 공개하는 행위는 3년 이하의 징역 또는 3억원 이하의 벌금에 처한다.

그리고 외국에서 사용하거나 사용되게 할 목적으로 산업기술을 침해하고자 예비 또는 음모한 자는 3년 이하의 징역 또는 3천만원 이하의 벌금에 처하며, 제36조 제2항의 죄를 범할 목적으로 예비 또는 음모한 자는 2년 이하의 징역 또는 2천만원 이하의 벌금에 처한다.

또한 법인의 대표자나 법인 또는 개인의 대리인, 사용인, 그 밖의 종업원이 그 법인 또는 개인의 업무에 관하여 제36조 제1항부터 제3항까지의 어느 하나에 해당하는 위반행위를 하면 그 행위자를 벌하는 외에 그 법인 또는 개인에게도 해당 조문의 벌금형을 과한다. 다만,

법인 또는 개인이 그 위반행위를 방지하기 위하여 해당 업무에 관하여 상당한 주의와 감독을 기울인 경우에는 그러하지 아니하다.

		금지행위 유형	벌칙
국내	산업기술의 부정취득·사용·공개	절취·기망·협박 그 밖의 부정한 방법으로 대상기관의 산업기술을 취득하는 행위 또는 그 취득한 산업기술을 사용하거나 공개(비밀을 유지하면서 특정인에게 알리는 행위	7년 이하의 징역 또는 7억원 이하의 벌금
	산업기술의 부정유출, 사용, 공개, 제3자 제공	제34조의 규정 또는 대상기관과의 계약 등에 따라 산업기술에 대한 비밀유지의무가 있는 자가 부정한 이익을 얻거나 그 대상기관에게 손해를 가할 목적으로 유출하거나 그 유출한 산업기술을 사용 또는 공개하거나 제3자가 사용하게 하는 행위	7년 이하의 징역 또는 7억원 이하의 벌금
	부정취득자로부터의 악의취득 행위	제1호 또는 제2호의 규정에 해당하는 행위가 개입된 사실을 알고 그 산업기술을 취득·사용 및 공개하거나 산업기술을 취득한 후에 그 산업기술에 대하여 제1호 또는 제2호의 규정에 해당하는 행위가 개입된 사실을 알고 그 산업기술을 사용하거나 공개하는 행위	7년 이하의 징역 또는 7억원 이하의 벌금
	중과실	침해행위가 개입된 사실을 중대한 과실로 알지 못하고 그 산업기술을 취득·사용 및 공개하거나	3년 이하의 징역 또는 3억원 이하의 벌금
		산업기술을 취득한 후에 그 산업기술에 대하여 침해행위가 개입된 사실을 중대한 과실로 알지 못하고 그 산업기술을 사용하거나 공개하는 행위	3년 이하의 징역 또는 3억원 이하의 벌금
	사위행위 및 명령불이행	부정한 방법으로 제11조제1항의 규정에 따른 승인을 얻어 국가핵심기술을 수출하는 행위	7년 이하의 징역 또는 7억원 이하의 벌금
		국가핵심기술을 외국에서 사용하거나 사용되게 할 목적으로 거짓이나 그 밖의 부정한 방법으로 제11조의2제1항 및 제2항에 따른 신고를 하고서 해외인수·합병등을 하는 행위	
		제11조제5항·제7항 및 제11조의2제3항·제5항에 따른 산업통상자원부장관의 명령을 이행하지 아니하는 행위	
	산업기술에 관한 문서 등의 반환 요구 및 산업기술 삭제 요구 불응	산업기술에 대한 비밀유지의무가 있는 자가 산업기술에 대한 보유 또는 사용 권한이 소멸됨에 따라 기업 등으로부터 산업기술에 관한 문서, 도화, 전자기록 등 특수매체기록의 반환이나 산업기술의 삭제를 요구받고도 부정한 이익을 얻거나 그 기업 등에 손해를 가할 목적으로 이를 거부 또는 기피하거나 그 사본을 보유하는 행위	7년 이하의 징역 또는 7억원 이하의 벌금
외국	가중 처벌	산업기술을 외국에서 사용하거나 사용되게 할 목적으로 제14조 각 호(세4호(중과실) 제외)이 어느 하나에 해당하는 행위를 한 경우	15년 이하의 징역 또는 15억원 이하의 벌금

침해금지 청구권

> **법률** 제14조의2(산업기술 침해행위에 대한 금지청구권 등)
>
> ① 대상기관은 산업기술 침해행위를 하거나 하려는 자에 대하여 그 행위에 의하여 영업상의 이익이 침해되거나 침해될 우려가 있는 경우에는 법원에 그 행위의 금지 또는 예방을 청구할 수 있다.
> ② 대상기관이 제1항에 따른 청구를 할 때에는 침해행위를 조성한 물건의 폐기, 침해행위에 제공된 설비의 제거, 그 밖에 침해행위의 금지 또는 예방을 위하여 필요한 조치를 함께 청구할 수 있다.
> ③ 제1항에 따라 산업기술 침해행위의 금지 또는 예방을 청구할 수 있는 권리는 산업기술 침해행위가 계속되는 경우에 대상기관이 그 침해행위에 의하여 영업상의 이익이 침해되거나 침해될 우려가 있다는 사실 및 침해행위자를 안 날부터 3년간 행사하지 아니하면 시효의 완성으로 소멸한다. 그 침해행위가 시작된 날부터 10년이 지난 때에도 또한 같다.

해당 규정은 2011년 개정법에 의해서 도입되었다. 즉, 영업비밀보호법의 침해행위에 대한 금지청구권과 같이 산업기술 침해행위에 대한 금지청구권을 도입한 것이다. 이에 대상 기관은 산업기술 침해행위를 하거나 하려는 자에 대하여 그 행위에 의하여 영업상의 이익이 침해되거나 침해될 우려가 있는 경우에는 법원에 그 행위의 금지 또는 예방을 청구할 수 있으며, 이때 침해행위를 조성한 물건의 폐기, 침해행위에 제공된 설비의 제거, 그 밖에 침해행위의 금지 또는 예방을 위하여 필요한 조치를 함께 청구할 수 있다.

또한 영업비밀보호법 제14조의 시효규정과 같이 산업기술 침해행위의 금지 또는 예방을 청구할 수 있는 권리는 산업기술 침해행위가 계속되는 경우에 대상기관이 그 침해행위에 의하여 영업상의 이익이 침해되거나 침해될 우려가 있다는 사실 및 침해행위자를 안 날로부터 3년간 행사하지 아니하면 시효의 완성으로 소멸하며, 그 침해행위가 시작된 날로부터 10년이 지난 때에도 같다.

영업비밀보호법, 산업기술보호법 비교

영업비밀보호법	보호대상	①비공지성, ②경제적 유용성, ③비밀관리성을 가지고 있는 기술상, 경영상의 정보
	금지되는 침해행위	부정취득행위(가목: 부정취득, 사용, 공개)
		비밀유지의무위반행위(라목)
		사후적 관여행위
	민사적 구제수단	침해금지,예방청구권(제10조 제1항)
		물건의 폐기, 설비제거청구권(제10조 제2항)
		손해배상청구권(제11조)
		신용회복청구권(제12조)
	형사적 제재수단 (처벌 요건)	①부정한 이익을 얻거나 영업비밀 보유자에게 손해를 입힐 목적으로, 그 영업비밀을 취득,사용,누설하는 행위
		②외국에서 사용하거나 외국에서 사용될 것임을 알면서 ①의 행위를 한 경우
	형사처벌	위①: 5년 이하의 징역 또는 5천만원 이하의 벌금. 다만, 벌금의 경우 위반행위로 인한 재산상 이득액의 10배에 해당하는 금액이 5천만원을 초과하면 그 재산상 이득액의 2배 이상 10배 이하의 벌금
		위②: 10년 이하의 징역 또는 1억원 이하의 벌금. 다만, 벌금형에 처하는 경우 위반행위로 인한 재산상 이득액의 10배에 해당하는 금액이 1억원을 초과하면 그 재산상 이득액의 2배 이상 10배 이하의 벌금
		미수,예비 음모, 양벌규정 있음
산업기술보호법	보호대상	제품 또는 용역의 개발·생산·보급 및 사용에 필요한 제반 방법 내지 기술상의 정보 중에서 관계중앙행정기관의 장이 지정,고시,공고,인증하는 기술로서 제2조 제1호 각 목에 해당하는 기술
	금지되는 침해행위	부정취득행위(1호: 부정취득,사용,공개)
		비밀유지의무위반행위(2호)
		사후적 관여행위(3호, 4호)
		미승인 또는 부정승인으로 국가핵심기술 수출 행위(5호)
		산업통상자원부장관의 수출중지 등 명령 불이행 행위(7호)
		국가핵심기술을 보유하는 대상기관의 미신고,부정신고 해외인수 합병 행위(6호)
		산업기술에 관한 문서 등의 반환 요구 및 산업기술 삭제 요구 불응 행위(6의 2호)
	민사적 구제수단	금지, 예방 청구권
		폐기, 제거 청구권(제14조의2)
	형사적 제재수단 (처벌 요건)	①제14조의 각 침해행위{4호(중과실), 6호(미신고,부정신고 해외인수·합병)제외}
		②외국에서 사용하거나 사용되게 할 목적으로 제14조 각 호{제4호(중과실) 제외}의 행위를 한 경우
		③제14조 제4호(중과실)의 경우
	형사처벌	위①: 7년 이하의 징역 또는 7억원 이하의 벌금
		위②: 15년 이하의 징역 또는 15억원 이하의 벌금
		위③: 3년 이하의 징역 또는 3억원 이하의 벌금
		위①~③의 행위로 인하여 얻은 재산은 몰수 추징
		미수, 예비 음모, 양벌규정 있음

Module 7-2 정보통신망 이용촉진 및 정보보호 등에 관한 법률(이하 '정보보호법')

법률 정보보호법 제48조(정보통신망 침해행위 등의 금지)

① 누구든지 정당한 접근권한 없이 또는 허용된 접근권한을 넘어 정보통신망에 침입하여서는 아니 된다.
② 누구든지 정당한 사유 없이 정보통신시스템, 데이터 또는 프로그램 등을 훼손·멸실·변경·위조하거나 그 운용을 방해할 수 있는 프로그램(이하 "악성프로그램"이라 한다)을 전달 또는 유포하여서는 아니 된다.
③ 누구든지 정보통신망의 안정적 운영을 방해할 목적으로 대량의 신호 또는 데이터를 보내거나 부정한 명령을 처리하도록 하는 등의 방법으로 정보통신망에 장애가 발생하게 하여서는 아니 된다.

법률 정보보호법 제49조(비밀 등의 보호)

누구든지 정보통신망에 의하여 처리·보관 또는 전송되는 타인의 정보를 훼손하거나 타인의 비밀을 침해·도용 또는 누설하여서는 아니 된다.

정보통신기술의 발달로 영업비밀 내지 기술을 정보통신망을 통하여 회사 내에서 공유하는 경우가 많다. 이와 관련하여 퇴사 후에도 기존에 사용하거나 알고 있던 아이디·비밀번호를 이용하여 영업비밀에 접근하거나 유출하는 경우가 있다. 이러한 경우 영업비밀의 침해와 함께 정보통신망침해죄로 처벌할 수 있다.

정보통신망침해죄는 정보보호법 제48조 및 제49조에 해당하는 행위로, 정당한 접근 권한 없이 정보통신망에 침입하거나, 정보를 훼손하거나 타인의 비밀을 침해·도용 또는 누설 등의 행위를 의미한다. 하급심판례에 의하면 법원은 정보통신망 침해죄의 적용을 침해 대상이 영업비밀일 것을 요구하지는 않는다[1].

---

1) 침해된 정보가 영업비밀보호법상의 영업비밀에 해당하지 않을지라도 정보통신망 침해죄의 보호 대상인 '비밀'에 해당할 수 있으며 정보통신망 침해죄가 성립될 여지가 있다(2004노2068 판결).

Module 7-3 특정경제범죄 가중처벌 등에 관한 법률(이하 '특경법')

법률 특경법 제3조(특정재산범죄의 가중처벌)

① 「형법」 제347조(사기), 제350조(공갈), 제350조의2(특수공갈), 제351조(제347조, 제350조 및 제350조의2의 상습범만 해당한다), 제355조(횡령·배임) 또는 제356조(업무상의 횡령과 배임)의 죄를 범한 사람은 그 범죄행위로 인하여 취득하거나 제3자로 하여금 취득하게 한 재물 또는 재산상 이익의 가액(이하 이 조에서 "이득액"이라 한다)이 5억원 이상일 때에는 다음 각 호의 구분에 따라 가중처벌한다. 〈개정 2016.1.6.〉

1. 이득액이 50억원 이상일 때: 무기 또는 5년 이상의 징역
2. 이득액이 5억원 이상 50억원 미만일 때: 3년 이상의 유기징역

② 제1항의 경우 이득액 이하에 상당하는 벌금을 병과(倂科)할 수 있다.

특경법에서는 그 범죄행위로 인하여 취득하거나 제3자로 하여금 취득하게 한 재물 또는 재산상 이익의 가액이 5억원 이상인 때에는 가중처벌하고 있다.

이러한 특경법 상의 가중처벌 적용과 관련하여 그 이득액의 산정이라는 어려운 작업이 요구되는데, 예를 들면, 업무상 배임죄에 있어서 재산상 손해는 인정할 수 있으나, 그 가액을 구체적으로 산정할 수 없는 경우에는 재산상 이득액을 기준으로 가중처벌하는 특경법을 적용할 수 없다는 것이 법원의 입장이다(2001도3531 판결).

핵심 정리

특경법 상의 가중처벌 규정을 적용하기 위해서는 구체적인 이익액 내지 손해액을 침해를 당한 자가 입증하여야 한다.

Module 7-4 하도급거래 공정화에 관한 법률 (이하 '하도급법')

법률 하도급법 제12조의3(기술자료 제공 요구 금지 등)

① 원사업자는 수급사업자의 기술자료를 본인 또는 제3자에게 제공하도록 요구하여서는 아니 된다. 다만, 원사업자가 정당한 사유를 입증한 경우에는 요구할 수 있다.
② 원사업자는 제1항 단서에 따라 수급사업자에게 기술자료를 요구할 경우에는 요구목적, 비밀유지에 관한 사항, 권리귀속 관계, 대가 등 대통령령으로 정하는 사항을 해당 수급사업자와 미리 협의하여 정한 후 그 내용을 적은 서면을 해당 수급사업자에게 주어야 한다.
③ 원사업자는 취득한 기술자료를 자기 또는 제3자를 위하여 유용하여서는 아니 된다.

하도급법 제 12조의3은 원사업자는 수급사업자의 영업비밀인 기술자료를 본인 또는 제3자에게 제공하도록 요구하는 것을 금하고 있다.

다만, 원사업자가 정당한 사유를 입증한 경우에는 요구할 수 있는 데, 이 경우 요구목적, 비밀유지에 관한 사항, 권리귀속 관계, 대가 등 대통령령으로 정하는 사항을 해당 수급사업자와 미리 협의하여 정한 후 그 내용을 적은 서면을 해당 수급사업자에게 주어야 하며 취득한 기술자료를 자기 또는 제3자를 위하여 유용하여서는 안 된다.

Module 7-5 중소기업기술 보호 지원에 관한 법률

제정 목적 및 배경

최근 3년동안 중소기업의 12.1%가 기술유출로 인한 피해를 경험하였고, 건당 피해규모는 연평균 15억원에 이르고 있다. 이러한 현실을 개선하기 위해 산업기술의 부정한 유출을 방지하고 산업기술을 보호하기 위한 「산업기술의 유출방지 및 보호에 관한 법률」이 이미 제정되어 있으나, 중소기업의 특수성을 고려하고 중소기업의 기술보호 역량을 강화하기 위한 기반 조성과 종합적인 지원을 위한 법적 근거는 미흡한 실정이다.

이에 중소기업기술보호를 지원하기 위한 기반을 확충하고 관련 시책을 수립·추진할 수 있는 법적 근거를 마련하여 중소기업의 경쟁력을 제고하기 위하여 중소기업기술 보호 지원에 관한 법률이 제정되었다.

보호 대상 및 다른 법과의 관계

1. 보호대상

중소기업기술보호법의 보호대상인 "중소기업기술"은 중소기업 및 「중소기업 기술혁신 촉진법」 제2조제2호에 따른 중소기업자가 직접 생산하거나 생산할 예정인 제품 또는 용역의 개발·생산·보급 및 사용에 필요한 독립된 경제적 가치를 가지는 기술 또는 경영상의 정보를 뜻한다.

2. 다른 법과의 관계

중소기업기술 보호 지원에 관하여 「산업기술의 유출방지 및 보호에 관한 법률」, 「부정경쟁방지 및 영업비밀보호에 관한 법률」, 「발명진흥법」 등 다른 법률에 특별한 규정이 있는 경우를 제외하고는 이 법이 정하는 바에 따른다.

Module 7-6 방위산업기술 보호법

방위산업기술의 정의

"방위산업기술"이란 방위산업과 관련한 국방과학기술 중 국가안보 등을 위하여 보호되어야 하는 기술로서 방위사업청장이 제7조에 따라 지정하고 고시한 것을 말한다.

금지행위 유형

> **법률** 방위산업기술 보호법 제10조 (방위산업기술의 유출 및 침해 금지)
>
> 누구든지 다음 각 호의 어느 하나에 해당하는 행위를 하여서는 아니 된다.
> 1. 부정한 방법으로 대상기관의 방위산업기술을 취득, 사용 또는 공개(비밀을 유지하면서 특정인에게 알리는 것을 포함한다. 이하 같다)하는 행위
> 2. 제1호에 해당하는 행위가 개입된 사실을 알고 방위산업기술을 취득·사용 또는 공개하는 행위
> 3. 제1호에 해당하는 행위가 개입된 사실을 중대한 과실로 알지 못하고 방위산업기술을 취득·사용 또는 공개하는 행위

방위산업기술의 유출 및 침해 신고

> **법률** 제11조 (방위산업기술의 유출 및 침해 신고 등)
>
> ① 대상기관의 장은 제10조 각 호의 어느 하나에 해당하는 행위가 발생할 우려가 있거나 발생한 때에는 즉시 방위사업청장 또는 정보수사기관의 장에게 그 사실을 신고하여야 하고, 방위산업기술의 유출 및 침해를 방지하기 위하여 필요한 조치를 요청할 수 있다.
> ② 방위사업청장 또는 정보수사기관의 장은 제1항에 따른 요청을 받은 경우 또는 제10조에 따른 금지행위를 인지한 경우에는 방위산업기술의 유출 및 침해를 방지하기 위하여 필요한 조치를 하여야 한다.

벌칙

법률 제21조(벌칙)

① 방위산업기술을 외국에서 사용하거나 사용되게 할 목적으로 제10조제1호 및 제2호에 해당하는 행위를 한 사람은 15년 이하의 징역 또는 1억5천만원 이하의 벌금에 처한다.
② 제10조제1호 및 제2호에 해당하는 행위를 한 사람은 7년 이하의 징역 또는 7천만원 이하의 벌금에 처한다.
③ 제10조제3호에 해당하는 행위를 한 사람은 5년 이하의 징역 또는 5천만원 이하의 벌금에 처한다.
④ 제19조를 위반하여 비밀을 누설·도용한 사람은 7년 이하의 징역이나 10년 이하의 자격정지 또는 7천만원 이하의 벌금에 처한다.
⑤ 제1항부터 제3항까지의 죄를 범한 사람이 그 범죄행위로 인하여 얻은 재산은 몰수한다. 다만, 그 재산의 전부 또는 일부를 몰수할 수 없는 때에는 그 가액을 추징한다.
⑥ 제1항 및 제2항의 미수범은 처벌한다.
⑦ 제1항부터 제3항까지의 징역형과 벌금형은 병과할 수 있다.

법률 제22조(예비·음모)

① 제21조제1항의 죄를 범할 목적으로 예비 또는 음모한 사람은 5년 이하의 징역 또는 5천만원 이하의 벌금에 처한다.
② 제21조제2항의 죄를 범할 목적으로 예비 또는 음모한 사람은 3년 이하의 징역 또는 3천만원 이하의 벌금에 처한다.

법률 제23조 (양벌규정)

　법인의 대표자나 법인 또는 개인의 대리인, 사용인, 그 밖의 종업원이 그 법인 또는 개인의 업무에 관하여 제21조제1항부터 제3항까지의 어느 하나에 해당하는 위반행위를 하면 그 행위자를 벌하는 외에 그 법인 또는 개인에게도 해당 조문의 벌금형을 과한다. 다만, 법인 또는 개인이 그 위반행위를 방지하기 위하여 해당 업무에 관하여 상당한 주의와 감독을 게을리하지 아니한 경우에는 그러하지 아니하다.

일반용
Module Quiz

1. 다음 중 산업기술보호법의 보호요건이 아닌 것은?
   ⓐ 제품 또는 용역의 개발·생산·보급 및 사용에 필요한 것
   ⓑ 방법 내지 기술상의 정보일 것
   ⓒ 관계 중앙행정기관의 지정 기술
   ⓓ 보호대상은 영업비밀에 한정됨

2. 다음 중 산업기술보호법의 제정 목적이 아닌 것은?
   ⓐ 영업비밀 해당성 판단 과정 간소화
   ⓑ 국가의 적극적인 지정 및 고시를 통하여 보호범위 확장
   ⓒ 영업비밀 침해에 대한 형사처벌 완화
   ⓓ 국가주의적 차원에서 기업의 기술개발 활동을 지원 및 보호

3. 하도급법 제12조의3(기술자료 제공 요구 금지 등)의 내용이 아닌 것은?
   ⓐ 원사업자는 수급사업자의 기술자료를 본인 또는 제3자에게 제공하도록 요구하여서는 아니 된다
   ⓑ 원사업자가 취득한 기술자료는 자기 또는 제3자를 위하여 유용해도 된다
   ⓒ 원사업자가 정당한 사유를 입증한 경우에는 수급사업자의 기술자료를 요구할 수 있다
   ⓓ 원사업자가 수급사업자에게 기술자료를 요구할 경우에는 요구목적, 비밀유지에 관한 사항, 권리귀속 관계, 대가 등 대통령령으로 정하는 사항을 해당 수급사업자와 협의하여 정해야 한다

정답)
1. ⓓ 산업기술보호법은 영업비밀에 한정하지 않고, 그 보호범위를 확장하고 있다
2. ⓒ 산업기술유출 방지 및 보호에 관한 법은 '국가가 지정·고시한 기술에 대한 해외유출을 방지하고, 이에 대한 형사처벌을 강화하는 것을 내용으로 함
3. ⓑ 원사업자는 취득한 기술자료를 자기 또는 제3자를 위하여 유용하여서는 아니 됨

담당자용

Module Quiz

4. 다음은 영업비밀보호법과 산업기술보호법에 대한 설명이다. 틀린 것을 고르시오.
   ⓐ 영업비밀보호법은 기술정보 및 경영정보를 보호대상으로 하는데 반해서 산업기술보호법은 기술정보를 그 보호대상으로 하고 있다
   ⓑ 영업비밀보호법은 비공지성, 경제적 유용성 및 비밀관리성이라는 요건을 만족하는 경우 보호가 가능하며, 산업기술보호법은 관계 중앙행정기관의 지정, 고시 혹은 공고가 있어야 한다
   ⓒ 영업비밀보호법과 산업기술보호법은 영업비밀 및 산업기술의 해외유출에 대해 가중 처벌하는 규정을 두고 있다
   ⓓ 산업기술보호법은 영업비밀보호법의 특별법의 위치에 있기 때문에 기업의 기술상정보의 경우에는 산업기술보호법이 우선 적용된다
   ⓔ 영업비밀보호법 및 산업기술보호법은 민사적 구제수단으로 가처분 및 침해물품에 대한 폐기 등을 청구할 수 있다

5. 다음은 산업기술보호법에 대한 설명이다. 설명 중 틀린 것을 고르시오.
   ⓐ 산업기술은 제품 또는 용역의 개발·보급 및 사용에 필요한 것이어야 한다. 단 유형의 제품을 개발·생산·보급·사용하기 위하여 필요한 기술뿐만 아니라, 무형의 서비스를 제공하는데 필요한 기술도 보호범위에 포함된다
   ⓑ 산업기술보호법에 의해서 보호되기 위해서는 반드시 기술적 정보여야 한다. 이러한 점에서 경영상 정보까지 보호대상으로 하는 영업비밀보호법과 구분된다
   ⓒ 산업기술보호법에서 보호되는 기술은 관계 중앙행정기관의 장이 소관 분야의 산업경쟁력 제고 등을 위하여 법령이 규정한 바에 따라 지정 또는 고시·공고하는 기술이어야 한다. 즉, 제품 또는 용역의 개발·생산·보급 및 사용에 필요한 제반 방법 내지 기술상의 정보라고 하여 모든 기술이 산업기술보호법에서 보호하는 산업기술이 되는 것이 아니라, 보호대상기술로의 지정 또는 고시·공고가 있어야 한다
   ⓓ 이때 관계 중앙행정기관의 장이 '산업기술'의 범위를 확정하기 위하여 따르게 되는 법률은 산업기술보호법이 아니라 개별 법령이 된다. 즉, 기술의 보호를 목적으로 하는 개별 산업 관련 법령에 따르게 되며, 따라서 각 개별 법률이 모두 산업기술보호법의 보호대상 지정근거가 된다
   ⓔ 산업기술보호법상 국가핵심기술을 정의하고 있는데, 이는 국내외 시장에서 차지하는 기술적·경제적 가치가 높거나 관련 산업의 성장 잠재력이 높아 해외로 유출될 경우 국가의 안전보장이나 국민경제의 발전에 중대한 악영향을 줄 우려가 있는 기술이다. 단, 처벌에 있어서는 산업기술과 차이를 두고 있지 않는 특징이 있다

정답)
4. ⓓ 산업기술보호법과 영업비밀보호법은 일반법 특별법의 위치에 있지 않고 독립된 법으로서 역할을 하기 때문에 기업의 기술상정보의 경우에는 두 법이 중복적용
5. ⓔ 국가핵심기술에 대하여는 강화된 벌칙을 규정함으로써 보호를 강화

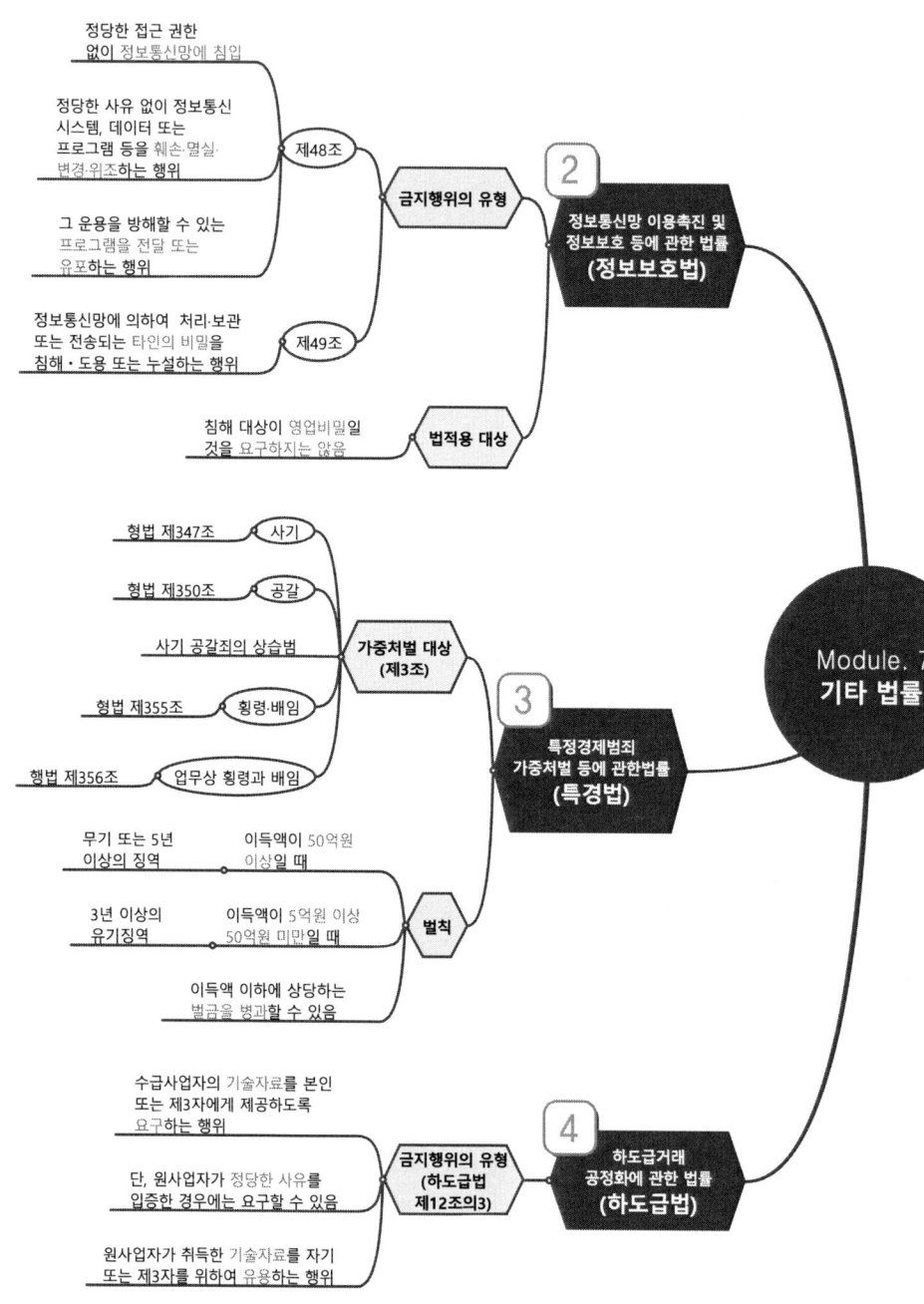

Key point

마인드맵으로 학습내용을 요점정리 하세요.

산업기술 유출방지 및 보호에 관한 법률 (산업기술보호법)

- **법적용 대상**
  - 산업기술/국가핵심기술
    - 제품 또는 용역의 개발·생산·보급 및 사용에 필요한 것
    - 방법 내지 기술상의 정보
    - 관계 중앙행정기관의 장이 법률에 따라 보호대상 기술을 지정
    - 관계 중앙행정기관의 지정·고시·공고·인증

- **금지행위 유형과 벌칙**
  - 금지행위 유형
    - 국내
      - 산업기술의 부정취득·사용·공개
      - 산업기술의 부정유출, 사용, 공개, 제3자 제공
      - 사위행위 및 명령불이행
      - 산업기술에 관한 문서 등의 반환 요구 및 산업기술 삭제 요구 불응
      - 고의 또는 중과실에 의한 침해기술의 취득
    - 국외
      - 가중 처벌
  - 벌칙
    - 국내: 7년 이하의 징역 또는 7억원 이하의 벌금
    - 국외: 15년 이하의 징역 또는 15억원 이하의 벌금
    - 중과실: 3년 이하의 징역 또는 3억원 이하의 벌금 (중과실의 경우)

- **침해금지 청구권**
  - 금지 및 예방 청구권
  - 폐기, 제거 청구권

- **영업비밀 보호법과 비교**
  - 영업비밀 보호법
    - 보호대상: 기술상, 경영상 정보
    - 금지되는 침해행위
      - 부정취득행위
      - 비밀유지의무 위반행위
      - 사후적 관여행위
    - 민사적 구제수단: 침해금지, 예방, 폐기·제거 청구권 등
    - 형사처벌: 5년 이하의 징역 또는 5천만원 이하의 벌금 (재산상 이득액의 10배에 해당하는 금액이 5천만원을 초과하면 그 재산상 이득액의 2배 이상 10배 이하의 벌금)
  - 산업기술 보호법
    - 보호대상
      - 기술상의 정보
      - 관계중앙행정기관의 장이 지정, 고시, 공고, 인증
    - 금지되는 침해행위
      - 부정취득행위
      - 비밀유지의무 위반행위
      - 사후적 관여행위
      - 미승인 또는 부정승인으로 국가핵심기술 수출하는 행위
      - 산업기술에 관한 문서 등의 반환 요구 및 산업기술 삭제 요구 불응행위
      - 수출중지 등 명령 불이행 행위
    - 민사적 구제수단: 없음
    - 형사처벌: 7년 이하의 징역 또는 7억원 이하의 벌금

161

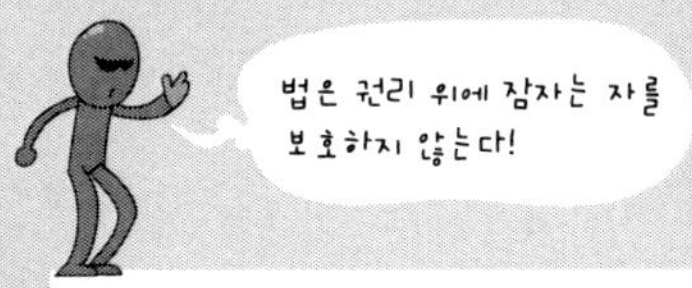

영업비밀 원본증명제도

『영업비밀의 원본 여부와 존재 시점을 입증하는 방법은?』

Module 8

영업비밀 원본증명제도

Module 8

1. 필요성

2. 구현 방식

3. 효과 및 법적 근거

4. 활용 사례

(원본증명기관 지정서)

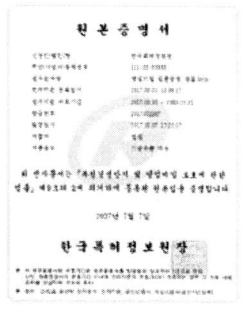

(원본증명서)

만화와 질문을 통해 학습 주제에 대하여 생각해 보세요.

 질문에 대한 답은 본문의 핵심정리를 참고해 주세요~

1. 전자문서로 된 영업비밀에 관한 분쟁이 발생 시 어려움은?

2. 원본 증명 과정에서 타임스탬프를 이용할 때의 장점은?

3. 타임스탬프를 발급받은 전자문서가 곧바로 영업비밀로 인정되지 않는 이유는?

4. 원본증명제도의 구체적 용도는?

영업비밀 원본증명제도

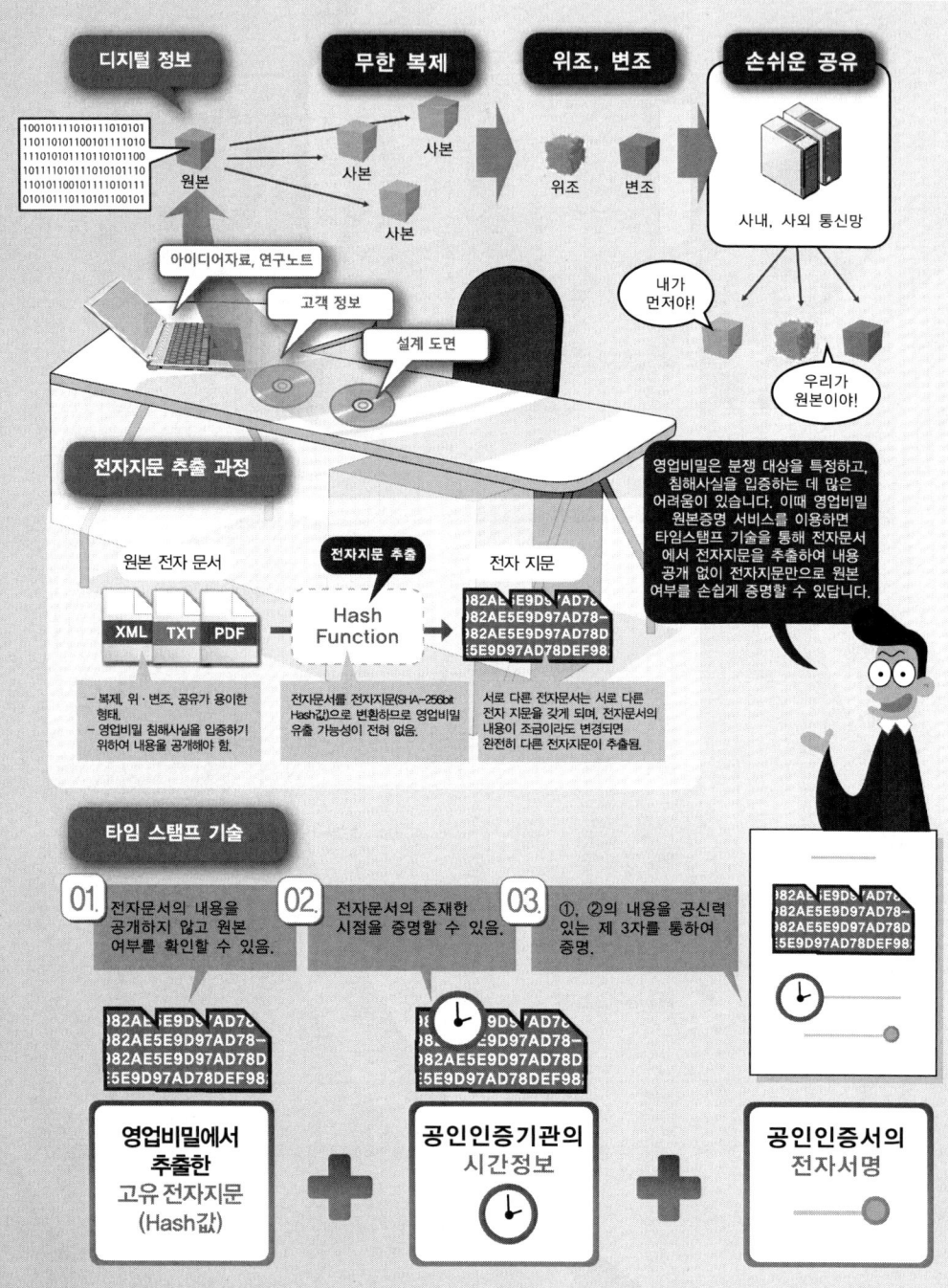

Infographic

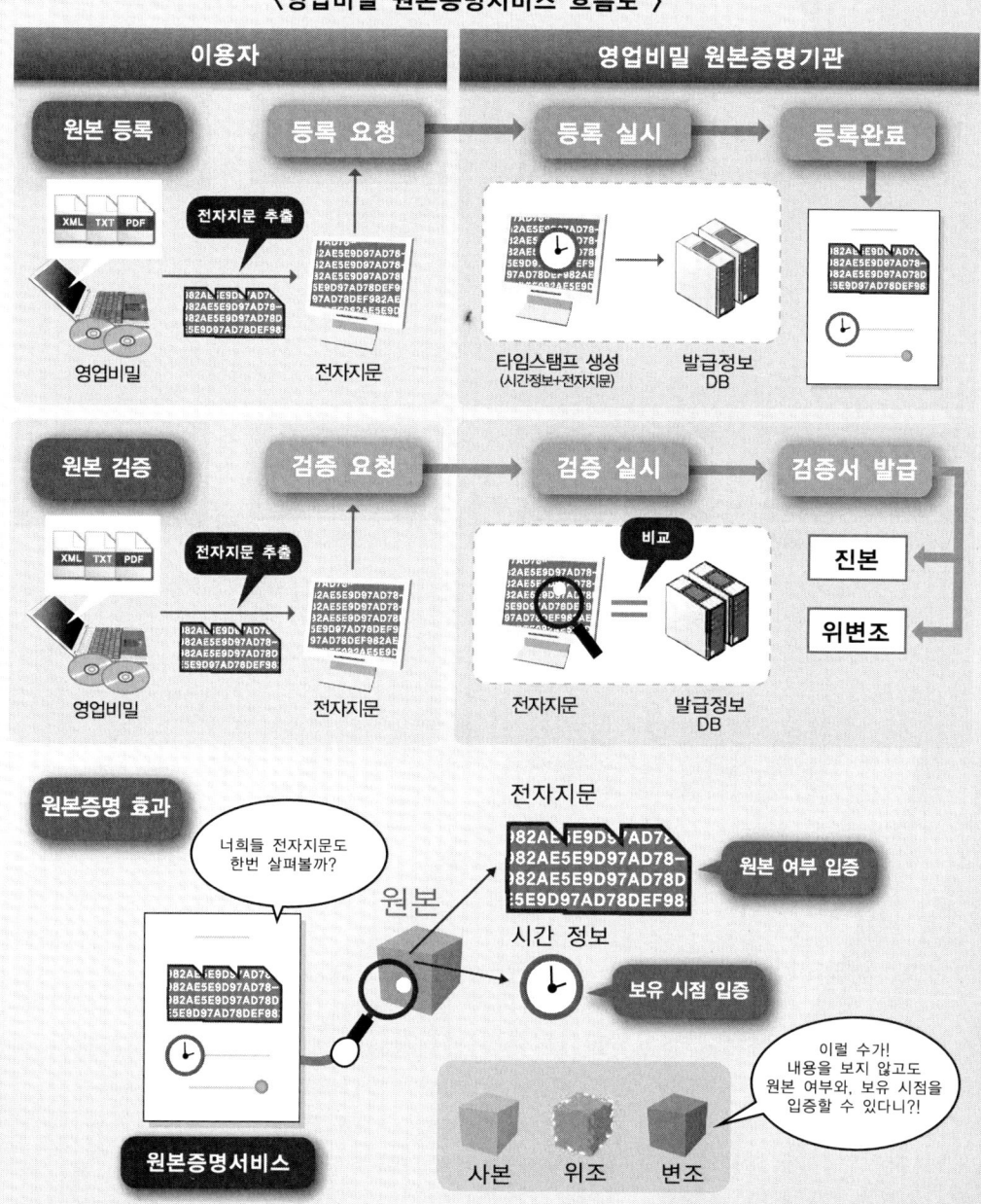

필요성

전자정보의 원본 여부 및 제작 시점 입증의 어려움

영업비밀이란 비밀로 유지·관리되고 있는 기술상 혹은 경영상의 정보로서 기업들은 이러한 영업비밀에 포함되는 아이디어 자료, 고객정보, 연구노트, 설계도면, 재무 및 투자자료, 중요 이메일 등 다양한 정보를 전자문서 형태로 보유·관리하고 있다

핵심 정리

그런데 전자문서는 무한복제가 가능하고 위·변조가 용이하고 쉽게 공유할 수 있기 때문에 유출을 사전에 방지하고 유출되었을 시 원본 여부와 제작시점을 증명하는 것은 쉽지 않다.

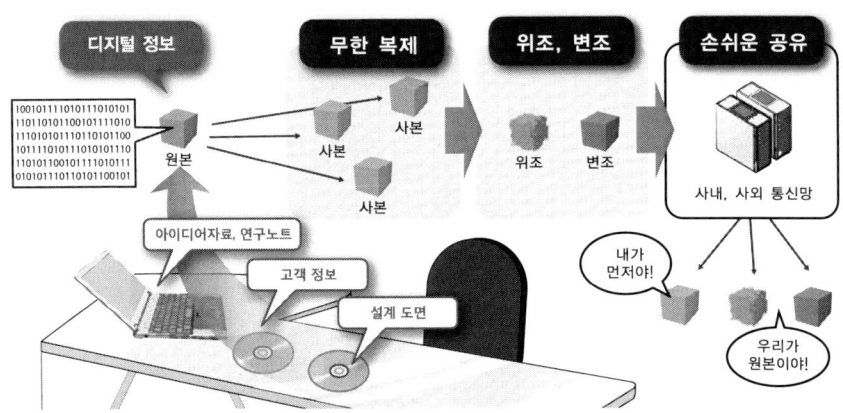

영업비밀 침해사실 입증 시 비공지성 상실의 위험

영업비밀보호법 제10조는 영업비밀침해행위에 대한 금지청구권을 규정하고 있고, 실제로 영업비밀 보유자는 침해자를 상대로 특정한 영업비밀의 사용금지나 침해물의 폐기 등을 법원에 청구할 수 있다. 그런데 원고입증책임주의 원칙상 권리를 행사하려는 영업비밀 보유자가 영업비밀 침해자의 '영업비밀 침해행위'를 스스로 입증하여야 한다. 하지만 침해사실을

입증하는 과정에서 기업의 영업비밀을 제공해야 한다면 영업비밀로 보호받기 위한 가장 중요한 요건인 비공지성을 상실하는 위험성이 있다.

영업비밀 원본증명제도의 도입 개요

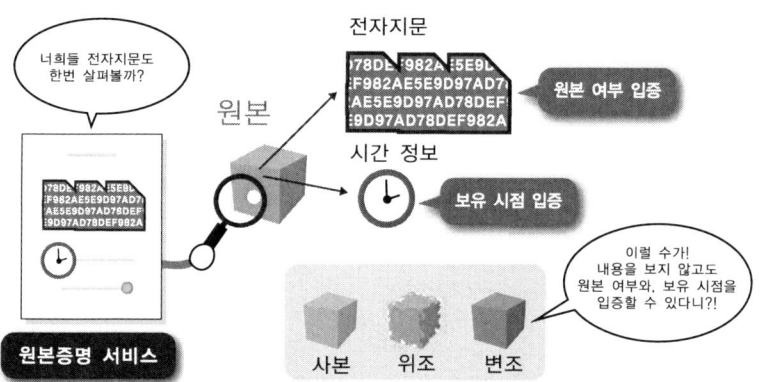

이처럼 영업비밀은 전자문서의 특성상 원본 여부와 존재 시점을 입증하기가 쉽지 않고 또이를 입증하기 위해 영업비밀을 공개하면 비공지성을 상실하여 더 이상 영업비밀로 보호받을 수 없는 어려움이 있다. 이에 영업비밀 원본증명제도 규정을 신설하고 이를 전문적으로 운영할 수 있는 원본증명기관 지정에 관한 내용과 원본증명기관에 대한 제재 조항(기관에 대한 시정명령, 과징금, 청문) 그리고 원본증명기관은 등록된 영업비밀 정보를 비밀로 유지해야 된다는 내용이 신설되었다.

원본증명제도와 내용증명, 공증제도와의 비교

만약 다툼의 대상이 된 정보가 영업비밀이 아니라면 내용증명이나 공증의 방법을 통해서 이를 입증할 수 있는데 내용증명과 공증에 대하여 간략하게 설명하면 다음과 같다.

내용증명이란 발신인이 수신인에게 어떤 내용의 문서를 언제 발송했다는 사실을 제3자인 우체국에서 공적으로 증명하는 우편제도이다. 이에 3부의 동일한 내용의 우편을 우체국이 1부, 발신인이 1부, 수신인이 1부를 가지게 된다.

공증이란 차용증, 매매계약서, 유언 등 법률생활에서 생기는 여러 상황을 제3자인 공증인이 공적으로 증명해 주는 것을 말한다. 공증은 법무법인이나 공증인가 합동법률사무소에서 업무를 수행하고 있다.

반면 위 내용증명, 공증과 달리 영업비밀에 특화되어 그 내용의 비공지성을 유지하면서 입증을 도와주는 제도가 영업비밀 원본증명제도이다. 영업비밀 원본증명제도는 영업비밀 보유자가 영업비밀 원본증명기관에 등록한 전자문서로부터 추출된 고유의 식별값(전자지문)에 대한 검증을 통해 영업비밀 내용의 공개 없이 영업비밀 존재시점, 보유주체, 원본여부를 증명할 수 있는 제도이다.

	원본증명	내용증명	공증
정의	전자문서로 보관중인 영업비밀이 도용·유출 등으로 영업비밀 보유자가 해당 영업비밀 보유에 대한 입증이 필요한 경우 영업비밀의 원본존재와 보유시점 입증을 도와주는 제도	발송인이 언제, 누구에게 어떤 내용의 문서를 발송했다는 사실을 우체국에서 공적으로 증명하는 특수한 우편제도	특정한 사실 또는 법률관계의 존재를 공적으로 증명하는 행정행위
증명인	원본증명기관 (한국특허정보원)	우체국장	공증인
효력	서비스 이용을 통해 영업비밀의 원본존재, 보유시점 및 보유자의 증명자료로 법원에 제출할 수 있으며, 재판시 추정효를 가진다.	상대방에게 보내는 통보의 성격을 가지며 그 자체로는 법적 효력이 없으나, 민사소송시 법원에 제출되어 증거로써 효력을 지닌다.	판결절차 없이 강제집행신청 가능

구현 방식

원본증명서비스는 '타임스탬프(time stamp)'라는 전자적 기술을 이용하여 전자문서의 생성 시점 및 원본 여부를 제3의 기관(타임스탬프 발급기관)이 증명해 주는 제도이다.

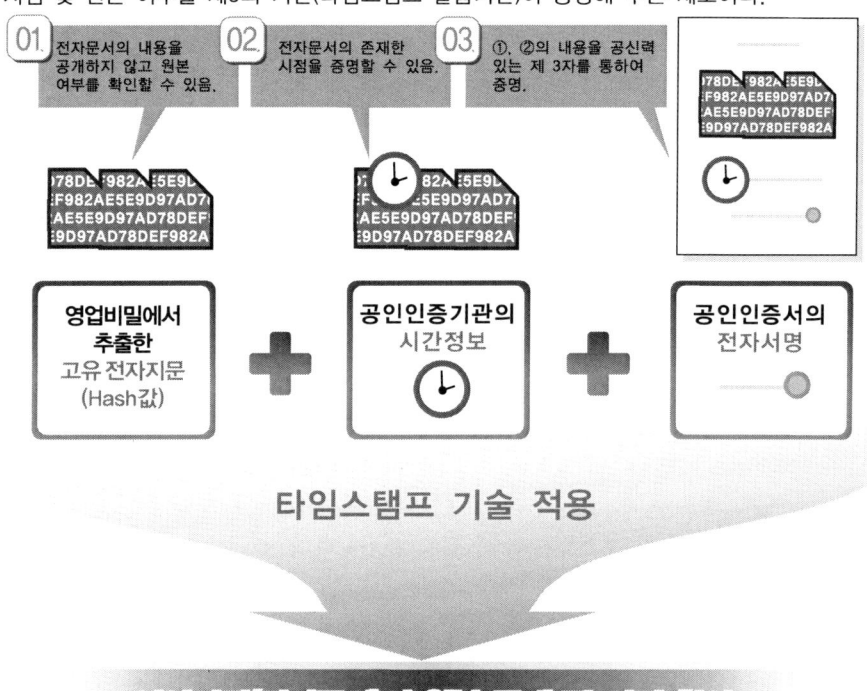

타임스탬프 방식을 이용한 원본증명서비스는 원본 등록 과정에 256비트(bit) 암호화 기술이 적용된 해시 함수(Hash Function)을 통해 전자문서에서 전자지문(hash code)을 추출하여 타임스탬프 발급기관에게 제공하고, 타임스탬프 발급기관은 특정 전자지문의 원본 여부와 존재 시점을 증명할 수 있는 타임스탬프를 발급하여 준다.

핵심 정리

타임스탬프를 이용하면 전자문서가 특정 시점에 존재하였음을 증명하기 위해 영업비밀의 내용을 외부로 유출하지 않아도 되는 장점이 있다.

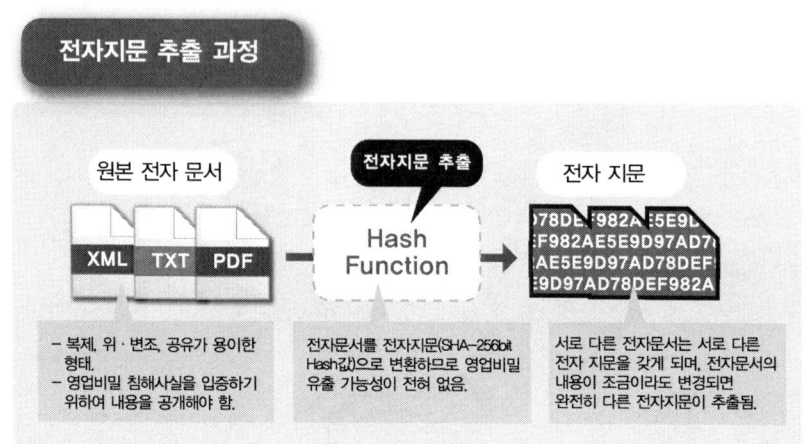

이후 원본증명이 필요한 경우 원본증명기관에 저장된 전자지문과 원본증명을 위해 제공된 전자문서에서 추출된 전자지문값을 비교함으로써 그 생성시점과 원본 여부를 확인할 수 있고 나아가 전자서명값의 비교를 통해 보유주체까지도 확인할 수 있다.

〈영업비밀 원본증명 서비스 흐름도〉

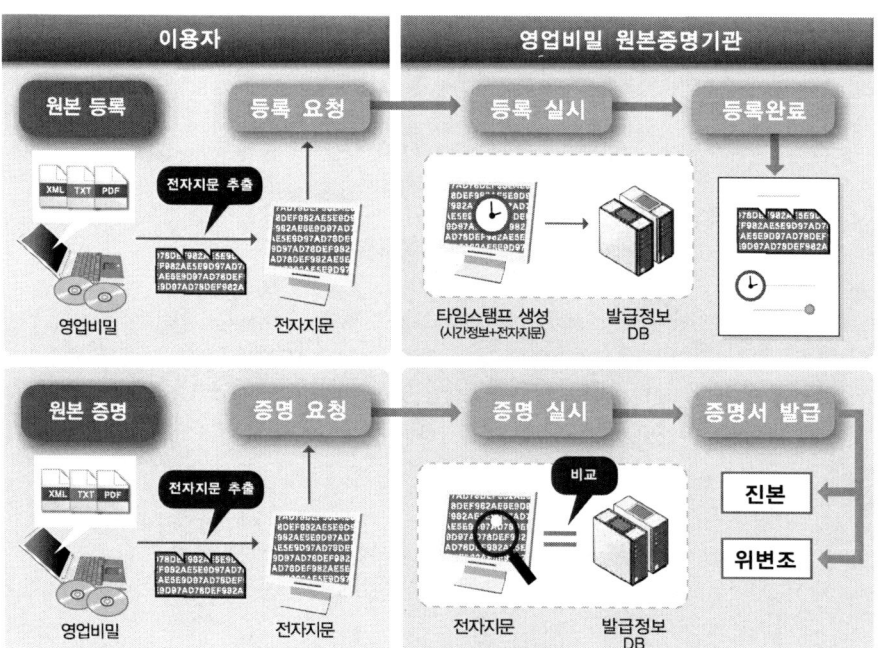

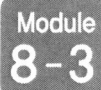 

효과 및 법적 근거

원본등록만으로 그 정보가 영업비밀이 되는 것은 아님

핵심 정리
영업비밀의 특정이나 보호요건의 입증과 관련해서 볼 때, 원본증명제도를 통해 타임스탬프를 부여 받았다고 해서 그것만으로 해당 전자문서가 영업비밀로 곧바로 인정되는 것은 아니다.

왜냐하면 타임스탬프 발급기관에서는 전자문서에 수록된 내용이 영업비밀에 해당하는지와는 상관없이 추출된 전자지문에 따라 타임스탬프만 발급하는 것이기 때문이다. 결국 등록 정보가 영업비밀로서 보호 요건을 모두 갖추었는지 여부는 별도로 입증해야 한다.

다만 동 제도는 전자문서의 생성시점 입증을 통해 시간적 선후 관계를 분명히 해주므로 연구노트에 타임스탬프를 체계적으로 부여하여 관리할 경우 개발 시점에 대한 객관적인 증명이 가능해짐은 물론 구체적 연구개발 내용을 소송 과정에서 시기별로 확인 가능하므로 영업비밀 자체를 특정하거나 침해를 입증하는데 도움이 될 것이다.

등록 정보의 원본 여부 증명

영업비밀 원본증명제도를 이용하면 영업비밀이 유출될 경우 아이디어 노트, 연구노트, 설계도면, 거래실적, 재무자료, 투자계획, 마케팅 자료, 고객정보, 계약서 등 원본증명이 필요한 전자문서를 등록하여 원본 여부를 증명할 수 있다. 즉 소송과정에서 해당 영업비밀의 보유사실을 손쉽게 입증할 수 있으므로, 영업비밀에 대한 법적 보호를 강화할 수 있고 타 업체와 거래를 시작하기 전에 이용하면 거래 과정에서 기술이 유출되는 경우에 자신이 해당 기술의 정당한 보유자임을 손쉽게 입증할 수 있어서 기업의 기술이전 계약 시에도 많은 도움이 될 것이다. 또한 전·현직 직원에 의하여 영업비밀이 유출되는 경우 직원과 해당 영업비밀과의 연관성이 파악되어 전·현직 직원에 의한 영업비밀 유출을 억제하는 효과를 기대할 수도 있다.

핵심 정리
영업비밀 원본증명제도는 분쟁 발생 시 소송과정에서, 기술이전 계약 시, 전·현직 직원에 의한 기술 유출을 억제하기 위한 용도로 사용할 수 있다.

전자문서의 존재 시점 증명

원본증명제도를 이용하면 타임스탬프의 시간정보를 통하여 특정시점에 특정 전자문서의 존재를 제3자에 의해서 확인하고 증명할 수 있다. 이는 기업의 정보를 영업비밀로 보호하는 경우 뿐만 아니라 경쟁 회사의 특허권 취득에 대비하여 특허법상의 선사용권을 입증하는 자료로 유용하게 활용할 수 있다.

추정효

원본증명서를 발급받은 자는 전자지문의 등록 당시에 해당 전자문서의 기재 내용대로 정보를 보유한 것으로 추정하는 규정을 신설함으로써 중소기업의 영업비밀 보호를 강화하고 영업비밀 보유자의 입증부담을 완화할 수 있다.

영업비밀 원본증명제도에 관한 법적 근거

영업비밀 원본증명제도의 신뢰도 제고 및 활성화를 위해서 2013년 7월 30일, 영업비밀보호법이 일부 개정되면서 원본증명제도의 운영에 관한 조항이 신설되었다. 영업비밀보호법 제9조의2(영업비밀 원본 증명) 제1항에서 '영업비밀 보유자는 영업비밀이 포함된 전자문서의 원본 여부를 증명받기 위하여 제9조의3에 따른 영업비밀 원본증명기관에 그 전자문서로부터 추출된 고유의 식별값(이하 "전자지문"(電子指紋)이라 한다)을 등록할 수 있다'고 규정하고 있으며, 제2항에서 '제9조의3에 따른 영업비밀 원본증명기관은 제1항에 따라 등록된 전자지문과 영업비밀 보유자가 보관하고 있는 전자문서로부터 추출된 전자지문이 같은 경우에는 그 전자문서가 전자지문으로 등록된 원본임을 증명하는 증명서(이하 "원본증명서"라 한다)를 발급할 수 있다'고 규정하고 있다. 그리고 제3항은 '제2항에 따라 원본증명서를 발급받은 자는 제1항에 따른 전자지문의 등록 당시에 해당 전자문서의 기재 내용대로 정보를 보유한 것으로 추정한다〈신설 2015.1.28.〉'고 규정한다.

뿐만 아니라 제9조의3에서는 원본증명기관의 지정, 제9조의4에서는 원본증명기관에 대한 시정명령, 제9조의5에서는 과징금, 제9조의6에서는 청문, 제9조의7에서는 비밀유지의무에 대한 규정을 담고 있다.

Module 8-4 활용 사례

내외부자에 의한 기술유출 방지

전·현직 임직원에 의한 기술유출 또는 협력업체, 경쟁업체 등에 의한 기술탈취를 사전에 대비하기 위해 활용.

[사례] P사는 전기전자 부품을 제조·판매하는 회사로 신제품 개발계획, 제작도면, 거래처 정보 등이 저장된 파일을 영업비밀 원본등록하여 관리하였음. P사에 근무 중인 해외영업팀장은 퇴사 전 영업비밀로 관리해온 자료를 무단으로 유출하여 동종업체로 이직함. P사는 전직직원을 부경법 위반으로 고소하였고 증거자료로 영업비밀 원본증명서를 제출함.

거래과정에서 기술유출 방지

하도급 거래, 공동연구, 기술자문, 사업제안, M&A, 기술수출 등 기술 거래과정에서 발생할 수 있는 유출에 대비하기 위해 활용.

[사례] e커머스 관련 새로운 비즈니스 모델을 갖고 있던 M사는 사업투자처 발굴을 위한 사업제안 전 중요자료를 영업비밀 원본증명제도로 등록하였음. 제안 과정에서 본 제안서의 내용은 영업비밀로서 보호하고 있는 자료임을 투자자에게 인지시킴으로써 거래과정에서 발행할 수 있는 영업비밀 유출에 대비함.

모인출원에 따른 기술유출 방지

기술을 탈취하여 모인출원(특허나 실용신안 등록을 받을 권리가 없는 자의 출원) 하는 경우 정당한 권리 주장을 위해 활용.

[사례] 의료기기 업체인 A사는 배란일 측정기술에 대한 특허출원을 준비하는 과정에서 기술자료를 영업비밀로 원본등록하여 관리함. 그런데 연구원으로 참여했던 H씨는 퇴사 후 해당 자료를 가지고 먼저 특허출원함. A사는 H씨를 무권리자의 특허 출원으로 주장하며 원본증명제도를 활용함.

공모전 출품 시 아이디어 보호

출품작에 대한 아이디어 보호의 수단으로 활용.

[사례] 창업을 준비하던 대학생 J씨는 한 지자체에서 주최하는 생활용품 아이디어 공모전에 출품 준비를 하던 중 영업비밀 원본등록을 통해 향후 발생할 수 있는 아이디어 탈취에 대비함.

선사용권 입증

동일기술의 특허등록으로 타사 특허와 분쟁 시 선사용 입증을 위한 자료로 활용.

[사례] 화학회사인 D사는 b, c를 반응시켜 A라는 제품을 만드는 획기적인 기술을 보유하고 있었는데 기술 공개를 꺼려 영업비밀 원본등록을 하는 등 영업비밀로 관리하고 있었음. 그런데 경쟁사인 E사가 같은 기술을 개발하여 먼저 특허출원하고 오히려 D사에 특허침해 및 실시료를 요구하자 D사는 원본증명서를 해당 기술에 대한 선사용권 입증자료로 활용함.

일반용
Module Quiz

1. 원본증명서비스를 통해 확인할 수 없는 것은?
ⓐ 원본 존재 여부
ⓑ 보유 시점
ⓒ 영업비밀 성립 요건
ⓓ 영업비밀 보유자

2. 원본증명서비스의 타임스탬프 기술을 구현하기 위해 적용되어야 하는 사항과 관계없는 것은?
ⓐ 영업비밀에서 추출한 고유 전자지문(Hash값)
ⓑ 영업비밀 대상의 물건 자체
ⓒ 공인인증기관의 시간정보
ⓓ 공인인증서의 전자서명

3. 원본증명서비스 이용방식이 아닌 것은?
ⓐ 홈페이지 접속방식
ⓑ PC Agent 방식
ⓒ 서버 Agent 방식
ⓓ 물건 임치 방식

정답)
1. ⓒ 원본증명서를 발급받은 자는 전자지문의 등록 당시에 해당 전자문서의 기재 내용대로 정보를 보유한 것으로 추정하지만 그렇다고 그 정보가 영업비밀의 성립 요건을 충족하는 것은 아니다.
2. ⓑ 영업비밀 원본증명서비스는 물건 자체가 아닌 전자문서를 대상으로 한다
3. ⓓ 원본증명서비스는 영업비밀 대상을 보유자가 관리하도록 하고 있음

담당자용

Module Quiz

4. 원본증명서비스의 흐름을 순서대로 나열한 것은?

가) 원본 문서의 전자지문 추출	나) 증명서 발급
다) 검증이 필요한 문서의 전자지문 추출	라) 전자지문 대조를 통한 증명 실시
마) 원본 등록 완료	바) 타임스탬프 생성

ⓐ 가-다-나-마-바-라
ⓑ 가-마-다-나-라-바
ⓒ 가-바-마-다-라-나
ⓓ 가-라-마-다-나-바
ⓔ 가-바-마-라-다-나

5. 원본증명서비스에 대해 잘못 설명한 것은?
ⓐ 원본증명서비스는 제3의 기관(타임스탬프 발급기관)이 증명해 주는 제도이다
ⓑ 원본증명서비스를 등록 후 증명시 원본자체를 직접 보여 주기 때문에 원본증명에 유리하다
ⓒ 원본증명서비스를 이용하면 존재 시점 및 존재여부를 확인 받을 수 있다
ⓓ 소송과정, 기술이전 계약시, 전·현직 직원에 의한 기술 유출 억제 용도의 활용이 가능하다
ⓔ 원본증명서비스는 전자문서에서 암호화된 전자지문을 이용하기 때문에 보안에 유리하다

정답)

4. ⓒ
5. ⓑ 원본자체의 유출 없이 증명하는 것이 원본증명서비스의 특징이다

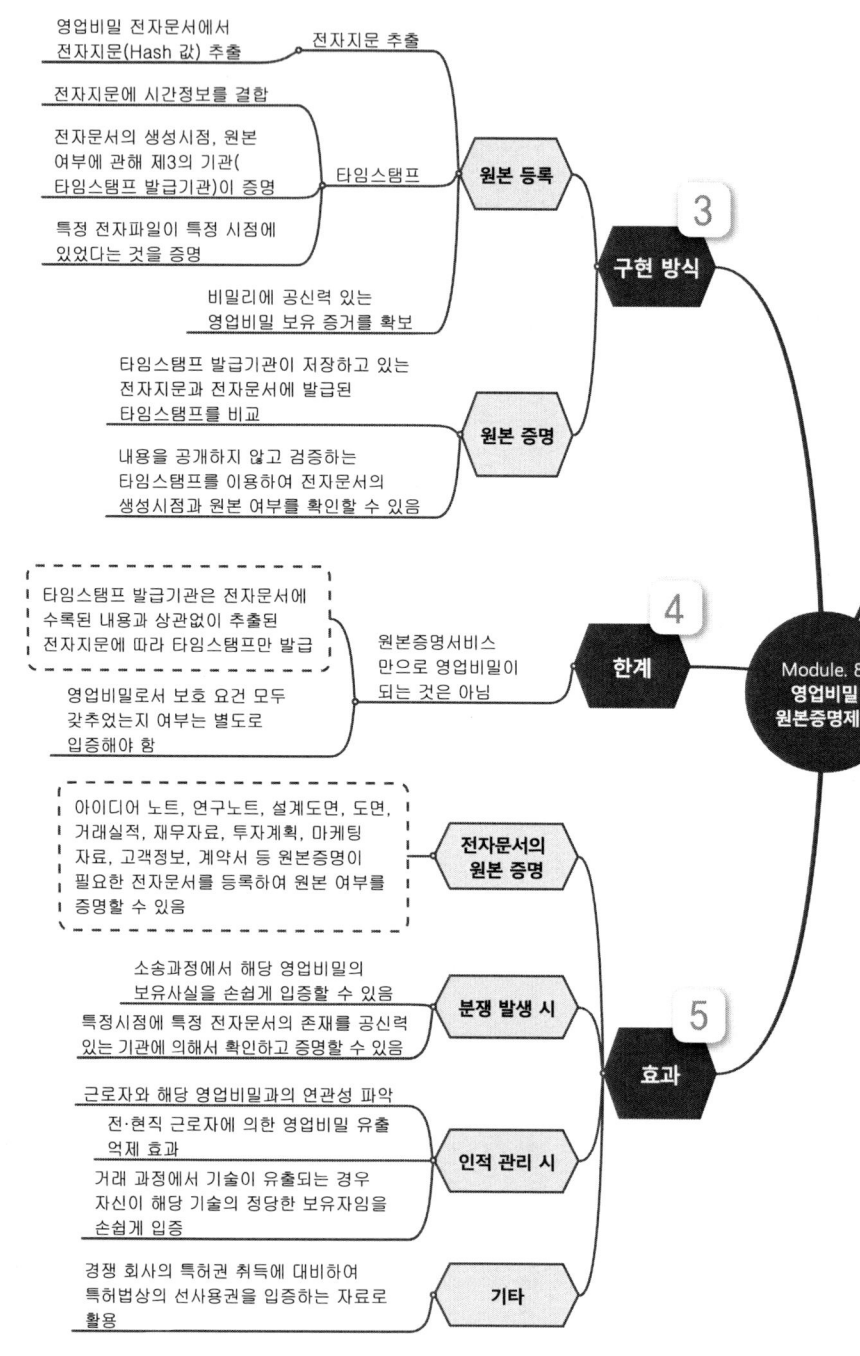

Key point
마인드맵으로 학습내용을 요점정리 하세요.

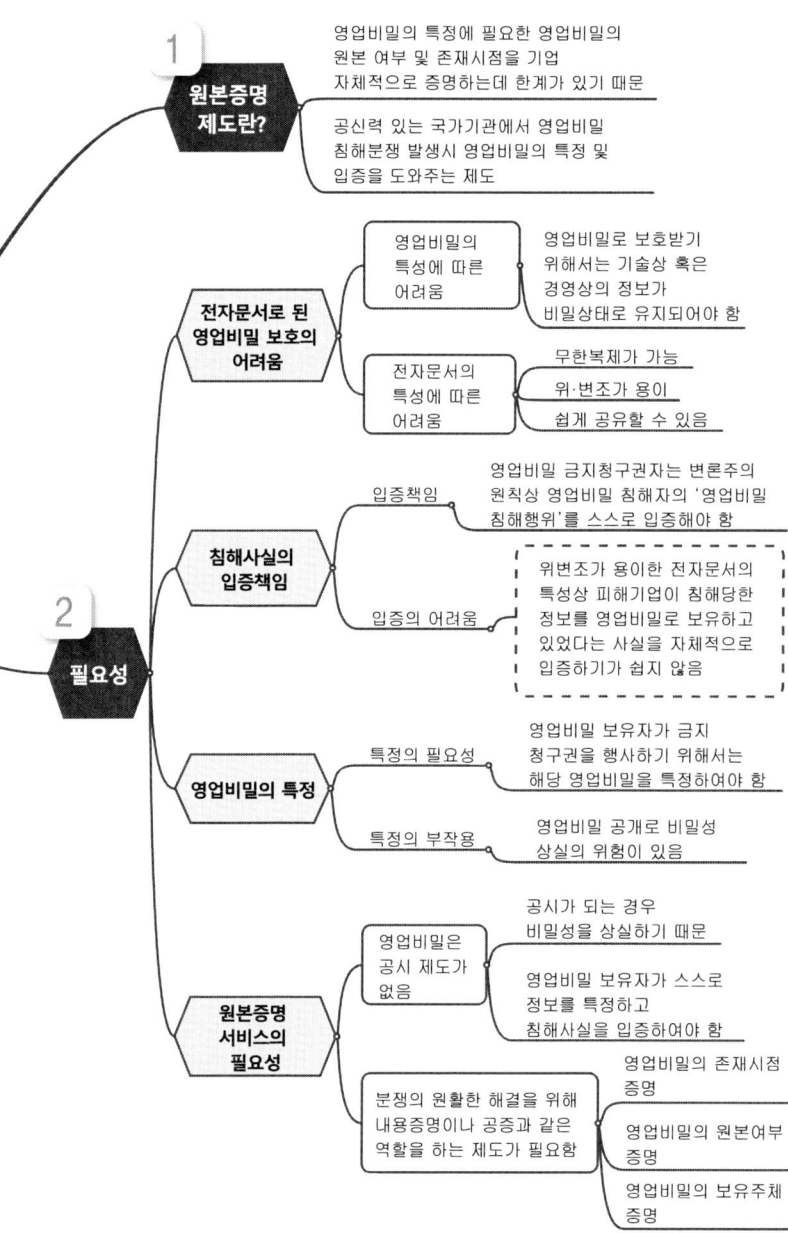

〈색 인〉

ㄱ

가처분 신청	125
검사의 기소(공소의 제기)	132
경영상의 영업비밀	21
경영상 정보	13
경쟁상의 이익	37
경제적 유용성	36
고소·고발	130
공소사실의 특정	133
공연히 알려져 있지 않은	33
공증제도	170
국가핵심기술	16, 146
국외 공지	35
금지 및 예방 청구권	80
기소전 단계	130
기소후 단계	132
기술상의 영업비밀	21
기술적 정보	13
기업비밀	15

ㄴ

내용증명	170

ㄷ

독립된 경제적 가치	36
독점·배타권	17, 20

ㅁ

모인출원	175
문서제출명령 거부	126
민사 절차	124

ㅂ

발명	17
방위산업기술	16, 156
방위산업기술 보호법	156
배임죄	107
배임죄란?	107
법률상 비밀	14
법원의 재량에 의한 손해액 산정	88
비공지성	33
비밀	14
비밀관리성	39
비밀유지명령	127
비밀유지 서약	14
비밀 침해죄	110

ㅅ

산업기술	15, 145
산업기술보호법	15, 144
상당한 노력	39
선사용권	176
소극적 손해	86
소극적인 정보	38
손해배상 청구권	86
수사(경찰수사와 검찰수사)	131
신용회복 청구권	89

ㅇ

업무 방해죄	111
업무상 배임죄	107
역설계	34
영업	81
영업비밀보호법	12
영업비밀보호법 위반죄	104
영업비밀 보호제도	12
영업비밀 원본증명제도	169
영업비밀의 세 가지 요건	32
영업비밀의 특정	125
영업상의 이익	81
원본 여부 증명	173
원본증명제도에 관한 법적 근거	174
위법한 정보	37

ㅈ

재물 손괴죄	109, 110
적극적 손해	86
전자문서의 존재 시점	174
전자지문	171
전직금지(경업금지) 청구	83
절도죄	108
정보보호법	152
정보통신망 침해죄	111
정신적 손해	86
중소기업기술 보호 지원에 관한 법률	155
증거자료 확보	123
진정	131

ㅊ

추정효	174
침해되거나 침해될 우려	81

ㅌ

타임스탬프(time stamp)	171
특경법	153
특허권	13, 17
특허법의 보호 대상	17

ㅍ

폐기·제거 등 청구권	85

ㅎ

하도급거래 공정화에 관한 법률	154
하도급법	154
합리적인 노력	39
해시 함수	171
형사 절차	129

자문·감수: 윤선희(한양대학교 법학전문대학원 교수)
글·그림 : (주)엘비엔터테인먼트(02-3157-2115)

기술보호의 초석 영업비밀 보호제도

초판 인쇄 2018년 06월 22일
초판 발행 2018년 06월 28일

저 자 특허청, 한국특허정보원, 영업비밀보호센터
발행인 김갑용

발행처 진한엠앤비
주소 서울시 서대문구 독립문로 14길 66 205호(냉천동 260)
전화 02) 364 - 8491(대) / 팩스 02) 319 - 3537
홈페이지주소 http://www.jinhanbook.co.kr
등록번호 제25100-2016-000019호 (등록일자 : 1993년 05월 25일)
ⓒ2018 jinhan M&B INC, Printed in Korea

ISBN 979-11-290-0655-4 (93500)   [정가 14,000원]

☞ 이 책에 담긴 내용의 무단 전재 및 복제 행위를 금합니다.
☞ 잘못 만들어진 책자는 구입처에서 교환해드립니다.
☞ 본 도서는 [공공데이터 제공 및 이용 활성화에 관한 법률]을 근거로 출판되었습니다.